文化の翻訳

青木 保

東京大学出版会

Translating Culture

Tamotsu AOKI

University of Tokyo Press, 2012
ISBN 978-4-13-003353-4

目次

異郷の神を畏れつつ

1

先輩僧に連れられていった北タイのジャングルの中にあるワット(タイ式寺院)に二週間ほど滞在していたときに、不思議な光景にであった。

このワットには五十歳位の老僧ひとりがワット長もかねて住んでいるだけだったが、毎日、夕方になると、里から老婆が一人の少年を連れてやってきては、老僧のクティ(僧の住居)で何事かを行なっている。

静かな山の中のことなので、他に訪れる人もいなくて、その二人の訪問者が目についたのであった。彼ら二人がクティに入ると、やがて老僧の低いスワットモン(お経)がきこえはじめ、三、四十分続く。それがおわって暫くすると、老婆が礼をいう声がきこえ、二人は帰って行く。

私が住んでいたところは、そのクティの崖下にあたっていて、直接には老僧のクティは覗けないが、そこへくる訪問客の姿はみえるのである。夕方は僧修行の身にとっては実に所在ない時間で、空腹を鋭く感じるのもこの頃であったし、時は怠慢に崩れた感じで留まっている。

この山中の谷間にあるワットでは別に特別のこともなく、ただ瞑想だけをするのが目的なものだから、それも早朝からのことであるし、食事は朝の九時一回だけときている。この頃合になると、何となく困ってしまうような次第であった。同行の先輩僧にはこの地方に知り合いが多く、大抵出ていて、私は一人残されることが多かった。一人でジャングルの中を出歩く気は起らなかったし、それも来て二日目の昼にコブラと真正面から出会ってしまったこともあって、いくらこの蛇を神の生き物として尊敬しているとはいえ、それがいらっしゃるところにはなるたけ近づかず、というよりも敬して遠ざかるのが礼儀というものである。

それで何となく小さな掘立て小屋に一人で坐って空ばかりみていることになった。そのとき何を考えていたのか、もう定かではないが、久しぶりにバンコクを脱け出して気分は爽快であった。だが、同じ托鉢で貰ってくるものに依存していても、バンコクのそれが実にぜいたくなものに感じられたことは鮮やかな記憶としてあって、北タイではカオ・ニョ（オコワ）ばかりで歯が欠けてゆくような感じだった。

一週間ほど経ったとき、夕方、老婆たちがきたときに老僧のクティに先輩僧と一緒に行くことになって、何が行なわれているのかみることができた。

それは奇妙な光景で、十四、五歳のどこといって特徴のない少年が老僧の前に坐っており、老僧はスワットモンを低く誦えながら、バアッ(鉢)の中の水にローソクをたらしてかきまわしたあと、その水を彼の頭に注ぎかけているのである。少年は眼をつぶって頭を垂れており、水は身体を伝って流れている。老婆は床に伏して、祈っているようだ。

老僧はいく度もいく度も水を注ぎかけている。

スワットモンがおわり、水をかけるのがおわると、二人は三拝して、帰っていった。それはかなり厳しい雰囲気のもので、その場では一体何をしているのか、質問することはできかねた。老僧は二人が帰って行くと、けろりとして笑いながら先輩僧と話しはじめた。

夜、先輩僧と二人になったときに、夕方の二人は何をしにきて、ワット長は何をしていたのかとたずねると、彼がいうには、あの少年は気が狂っているので、それを治すために老僧のところへ通っているのだとのことである。

では、老僧は気が狂ったものを治せるのですか、ときくと、そうだという。パリタ(呪経)を誦えながら水を注ぎかけることによって治すのだという。宗教的な力によって治すのか、というと、そうだ、気狂いの原因である悪霊を逐い払うために儀礼を行なっているのだという。少年の気がおかしくなったのは、悪霊が取り憑いたからであって、それを仏教儀礼によって逐い出すのが老僧の役目であり、山の中のこの寺に人が通ってくるのは主として老僧のこの力を頼ってくるのだともいった。

老僧は一種の悪霊払い師であり、その面でこの地方では名高く、信頼があるらしい。また占い僧としても有名で、山中の寺なのに彼のクティは立派で、多くの捧げ物がおいてある。タイの人々が、いかに占いに頼ることが大であるか、ようやくわかりかけていた頃でもあったので、「仏教」がこうして民衆の間で根をはっていることを興味深く感じた。

その少年はおとなしそうな感じで、どこといって外見に変わったところはみられなかったが、ともかく一言もしゃべらない。このことをきいてからは、毎夕現われる姿をみて、あまりに黙っていてその形姿から動的なものが一切感じられず、かえって不気味に思えた。悪霊はどこにいるのだろうと、夜、掘立て小屋の固い床の上に寝ながら、考えた。

悪霊はいる、そこにも、あそこにも、ほらここにも。明りのない暗闇に眼をこらすと、あーっと、悪霊が全身をとり囲んでしまって息が詰まりそうだった。その夜は、汗だらけになって床を這いまわり、暁方までまんじりともできなかった。といって、別に恐怖は感じなかった。ただ悪霊がいるという思いが、ある圧迫力となって全身にかかってきたという感じだった。恐いというよりも重いのである。ぐーっとのしかかってくるのだ。アリと蚊による攻勢の中での寝苦しさだけとは片づけられない何かがそこにはあった。

かつて東北タイの一村落を訪れて、そこのワットで僧たちと談笑していたときに、霊はどこにいるのだときくと、四、五人の僧はみな立ち上がって、周囲の森をさし、あそこだ、あそこにいる、と答えた。あそこだけか、と重ねてきくと、いや、そこにも、ここにも、あちらにもと、結局、どこにもかしこにも霊はいることになってしまった。彼らの表情は笑いながらも眼は笑わず真剣なもので、そろそろ夕闇の迫りくる森に何かをこめていっているようでもあり、そのときは霊はすごいなあ、と私などは冗談めかしてしまったけれども、決して冗談事ではないことはわかった。それをきいていた子供たちは薄気味悪そうに身体を動かしていた。悪霊が取り憑くと、気狂いにも、病気にもなってしまうし、ありとあらゆる災難に遭うことになる。決して冗談事ではないのである。

　では悪霊を逐い払うにはどうしたらよいのだろうか。

　老僧の行なうパリタ儀礼はその一つの解決法である。仏教の聖なる力が善霊を招びよせ悪霊を払う。仏僧がこのような悪霊払い師をかねることは、その後、身近によくみることとなった。私の師もその点では有名な存在であることもわかった。また私を修行寺に導いて下さったプラクルー（教導師）は悪霊払い師としてタイ国土に名の響いた存在であった。これはすべて後日判明したことであって、私の修行の後半になってからのことである。この時点では、狂人の治療を仏僧が行なうことは新鮮な驚きであって、私は世界の奥行きがずうーっと深くなってゆくような不思議な感覚を味わっていた。

　そうした中で私は霊というものの生々しさを少し感じはじめていた。世界は霊に満ち充ちている、それは何とすばらしいことであろうか。この感じ方には一種の誇張され虚偽的に盛り上げられた想像力が働いていたのだが、寂とした山寺のコブラと共棲する修行環境の中ではリアリティーのあるものであった。

先輩僧の語ってくれたタイに古くから伝わる悪霊払いのいま一つ別の方法は、よく知られているシア・カバーン儀礼とよばれるものであって、通常は僧でなく呪医によって行なわれる儀礼である。この儀礼は重症の患者のために行なわれる悪霊払いであるが、まず一塊の粘土を用意して、それをこね、人間の形に似せた十センチ大の人形に仕上げる。この粘土の人形に患者の着ている衣服の一部をとってきて身体に巻きつける。もし患者が複数ならばこの人形もその数だけそろえる。この人形は大変粗っぽい醜い形をしたもので、タイ人はブスのことをシア・カバーン人形とよぶくらいなのである。

次にバナナで作った三十センチくらいの四角い盆が用意され、竹の棒がその盆の底部に插し込まれ、さらに盆の上には一枚のバナナの葉がおかれる。

それから粘土人形はこの盆の上におかれ、そのまわりに炊き立てのごはんと料理が並べられる。ごはんと料理が小さなバナナの葉で作った皿に入れられて飾られることもある。盆の四隅には旗が立てられる場合もある。

さて、こうして用意が整うと、この盆は患者のところへもってゆかれ、患者の頭の上でいく度も円を描いてまわされる。こうしながら呪医は、患者に取り憑いた悪霊を外へ呼び出そうと試みる。バナナの盆の捧げ物は、いわば悪霊をつるためのもので、それをちらつかせることによって頑強に病者に巣喰う悪霊が誘われて出てくるのを待つわけである。そうしてもなお悪霊がいうことをきかないとみた場合には、呪医はこの盆を患者の足下において、頭のてっぺんから足先まで病人の身体を楠の枝で叩く。叩いたあと呪医はすぐさま盆を持ち上げ屋外に出ていってしまう。と同時に、家の中にいる者は戸や窓を全部閉じてしまう。呪医が外へ運び出した盆は、家から遠くへと持ってゆかれ、村外の三本の小道が交差する三叉路のところにおかれるか、あるいは小川に流される。

盆を三叉路のところにおいた呪医は、再び家へ帰ってくるが、その場合、決して後を振り向いたりしてはならない。彼は手近なところにある木の枝を折り、それをもって帰る。また行ってきた道を真ん中で区切る線を引いたりする。

病人の待つ家に帰ると、家の前で彼は大声で、「この家の者はみな元気か」とたずねる。これをきくと、中の者の一人が「はい、この家にいる者はみんな元気です。病人はいません」と答える。

この問答がおわると、家の戸や窓は再び開けられ、シア・カバーンの儀礼は終了する。この儀礼は、病者があるないにかかわらず、大晦日の夜に行なわれるところもある。タイの地方によっては細部は若干異なるけれども、大略において同じこの病気なおし儀礼はどこでも行なわれている。

こういう説明を、しかも真剣な語り口できいていると、悪霊は実在するものに他ならず、いつも人間の身近にいるもので、人間の動きを見守っていることが期待できる気になってくる。それは決して想像の産物でもなければオカルト趣味や空想の遊びによるものでもない。生々しくも蠢めいており、ときとして触覚さえともなうようなものである。もっとも、悪霊に触ったという経験を直接きいたことはなかったが、話をきいていると、それは触れるような存在感をもつものに思われてくる。

このシア・カバーン儀礼でも示されているように、悪霊と人間とは互いに存在を認め合いながら、駆け引きをする。人々は悪霊を生き物としてあつかいながら何とかしておびき出そうと試みる。

シア・カバーン人形は、病人の代用である。

粘土で作ったこの人形に病人の衣服の一部をとってきて着せることは、悪霊に人形が病人そのものであることを信じさせるためのものである。盆を病人の頭の上でまわすのは、悪霊を呼び出し、捧げ物を食べさせようとすることである。

こうした人間に取り憑いて病気にしてしまう悪霊は通常貪欲でがつがつしており、おいしい食事の誘いに対しては抵抗できないものと信じられている。悪霊はいつも空腹で飢えていてそれがために破壊的になり、災難をもたらすのである。

だが、場合によってはこうした人形や食事による誘いにも乗らず、悪霊は出てこようとしないことがある。そのときは、病人の身体を軽く叩いて悪霊を逐い出すのである。病人に取り憑いた悪霊が頭の中にいることは明らかであり、それは頭の上に盆をかざして捧げ物をみせつけることによっても示されるが、悪霊を逐い出すときも、頭から叩きはじめると、頭にいた悪霊は徐々に身体の中を下ってゆき、ついには足の先に達して出てゆくことになるのである。そこで足先においてある盆をみつけて、それをむさぼり食うために悪霊は盆の中に入り込む。それを待ち構えていた呪医はすばやく盆を戸外に運び出し、こうして病人に取り憑いた悪霊が逐い払われることになる。

さて、前に記したようにこの悪霊入りの盆は三叉路のところにもってゆかれ、その真ん中におかれる。ではどうしてこの三つの路が交差する地点がそのために選ばれるのだろうか。

人々の信じるところによれば、悪霊は盆の食事をたらふく食って満足したあとで、再び病人の身体の中へ戻ろうとする。そこで悪霊は盆の上に立つ粘土人形をみつけ、それが着ている病人の衣服の一部に惑わされて、人形を病人と思い込んでしまい、人形の中に入ってしまうのである。入り込んだあとで悪霊は騙されたことを知り、あわてて粘土人形から出て、病人のいるところに帰って取り憑きたいと思うが、もはや手遅れとなってしまっている。というのも、そこは三叉路であって、病人のいる方向へ帰るにはどの道を選べばよいのかわからなくなっているからである。もし、悪霊が選んだ道が正しいものであったとしても、途中の木の枝が折れていて、前の道とは同じでないことを示しており、悪霊は間違ったと考え引き返してゆくであろう。それでもなお進んで来るときには、道が線によって区切られていることを見つけて戸惑わされる。それでもまだ来たときには病人の家は以前とちがっていまや全部の窓や戸を閉じており、悪霊は以前の開け放されていた家を見分けることはできない。そこで悪霊は家の前を通り過ぎてゆき、病人はもう煩わされることはなくなる。

シア・カバーンの儀礼用の盆は絶対に家の中や庭などに棄ててはならない。それはなるたけ悪霊が迷うようなところに棄てられるべきものである。何故なら、盆の中に入った悪霊はごちそうを貪り食ったあと、再び病人に取り憑こうと出てくるからであって、それが家や庭に棄てられてあった場合には、近くにいた人間や動物はすぐさま取り憑かれてしまうからである。

この盆が棄てられてあるのをみたなら、近づかずにそっと遠ざかるのが、「心ある」人々の行動なのである。災いに遭うかどうかは、こうした「心構え」と「感じやすさ」があるかどうかにかかっているのである。

病気の原因でも災厄の原因でも、それをどのように捉えるかは、「心」の問題である。

悪霊についてもまた厄除けについても、いずれの民俗の伝統の中にも似かよったものは存在するものであって、決して目新しいことではない。北タイにみる悪霊との駆け引きにしても、わが国の民俗文化の中にも同様のものはあるにちがいないし、誰でも鬼を逐い出す方法は一つや二つよく考えてみれば決して知らないわけでもなかろう。

しかし、問題はそうしたことをどの程度「現実の問題」として、身近に「触る」ことのできる生々しい物事として、感じ信じ認識するかというところにある。「知識」として「理解」していることとは、全く異なる次元の問題がそこにはある。「知識」として「理解」していることを、本当に理解したといえるかどうかは大きな疑問である。大抵の場合、「説明」はそのような「理解」の上に立って行なわれており、それをまたきく者も本質的にそうした「理解」を得、「知的」に物事を解明すればすべて「すむ」と考えている。はじめからそうした「こと」しか求めないのである。情報社会とはすべてそうした「知識」と「理解」の上に基づいた認識を前提とした社会であり文化であるので、そこではその前提に合致しないことは受けつけられず、理解しようともされない。はじめから外されてしまっている。

悪霊の存在について私が何らかのリアリティーを感じたのは、修行の過程におけるこうした出来事によってであった。先輩僧の話は、格別目新しいことではなく、タイの碩学ラーチャトーンなどの読者なら類似の話は知っていよう。北タイの民俗文化に関してはいくつか研究もあり、「知識」を得ることは難しくないかもしれない。とはいっても研究の量は絶対的に不足しているし、こうした問題についてのまとまったものは皆無といってよいことは事実であるが。

しかし、老僧のクティでの実見と先輩僧の話とは、何となく寂し気に去ってゆく老婆と少年の姿とともに、私にとっては「知識」や情報によるものとまったく異なった経験と理解とを一瞬にして得させるという「事件《エヴェヌマン》」を意味したのであった。山中の寺の掘立て小屋の暗がりの中で聞いた話は、単なる話ではない。タイ文化のコンテキストに密着したリアリティーをもつ認識であり、心に伝わる経験であった。そこには、まさに生存をかけた対抗相手である悪霊が存在し、それとの駆け引きが死活の問題となるような場があった。いつも感覚をとぎすまし、心構えをしっかりともち、ごく微細な動きにも反応できるような「心」が必要とされるのであった。つまり、悪霊などの存在に対して、である。存在は見えるものだけに限られることなく、存在するものの範囲はずうーっと広く深く奥まっていて、その先は暗く消えていた。

そうした文化の奥行を背景として、はじめてワットの本堂にある巨大な金色に輝くブッダ像の存在が、その前に坐るとすべての暗さが一挙に光輝の中に照らされるものとしての絶対的存在として、はっきりと理解されずにいないのであった。

先輩僧の話を聞いたあとで、岩だらけの渓流に沿った小道を登って山上の本堂へ行き、中へ入ってロウソクのゆらめきの中に金色に映えるブッダの前に正坐すると、悪霊の影は消え失せ、透明な空間が現出する。三拝の後、低くパーリ語経文を誦えると、五体の緊張は静かな律動によって解放され、精神は寛ぎに満たされてゆく。

こうした経験の世界が存在することとは、まったく予期しなかったことであった。闇と光の極から極へと動いてゆくさまが己れの裡に律動とともに感じられるような形で、かくも劇的な進行をもって生じ、体内に満ち充ちる緊張と寛ぎの充足感をもって了解できるということが、「知識」による「理解」の世界に満ち足りた生活を送っていたそれまでの生活の中で果して想像できたかどうか、強引で傲慢な「知識」の世界というものがそれ自体の反省をする契機が果してこの経験を通すことなしにありえたかどうか、疑問である。

しかし、もともとたとえ瞬時のことにしかすぎなくとも、こうした経験の世界が存在することを信じて、それに賭ける気構えによって、己れの自己充足的な「知識」の世界を放棄し、「実践」の世界に飛び込む、文字通り一寸先のことも考えずして飛び込んだのではなかったか。その意味では、それにまつわる何かは果されたといってよかったのだろうか。いま、こうしたブッダの輝きに照らされて、己れの存在の細部までがその光の波に洗われるのを感じつつ、この充実感を覚えるのは一体何によるものなのだろうか。存在の輝きの前に平伏すとはこのことなのか。

だが、そのためには背後の暗闇に沈む悪霊の世界がなくてはならないであろう。すべて存在の極がぼやけ、事物の輪郭も定かならぬ世界にあっては、光輝に向って伏すこともままならないではないか。異郷にあっていま私は心底から畏れつつあった。物事に畏怖するとは、決して納得づくであってはできないことであろう。説明する誘惑にどこまで打ち克てるか。

考えてみれば、これまでの私の存在の前提はまことに間違いだらけ、錯誤に誤謬を重ねるようなものだったのだ。

2

このような感覚の世界、すなわち悪霊がそこかしこに存在し、その実在を意識しないことなしに日常の生活が成り立ってはゆかないという心的環境に身をおいていると、いつしか万物は微妙なバランスの中に漂うものとしてみえてくる。そのバランスとは、存在の平衡を脅かすものとの間に保持しなくてはならないものであり、それは一瞬たりとも気の抜けない緊張をはらんでいる。

生きるということは、それこそ眼には見えないが確実に存在する境界線上を歩くようなものであって、うっかりして「一歩」を誤れば日常生活の中に張りめぐらされている隠された琴線に触れることとなって、それに触れたとたんに物事の様相は一変して取り返しのつかない事態を招いてしまうのである。だから、それに触れないでいるように絶えず心をとぎすませて、ほんの僅かの心音にも注意を払うような神経をもつことが生活の必要条件であって、ともすれば気づく間もなく崩れてしまいやすい平衡状態を維持するためのしっかりとした努力が要求される。日常世界の中に生活を営む人々はその生の環境において、少しでも変ったことがどこかに起っていないかと細心の警戒心を払いつつ生きてゆくことが何よりも無事に生きのびることとの前提となる。何事もないようなのんびりとした悠長にみえる現実の外貌の下に、こうした闇の落とし穴が、灼熱の太陽が存在をあまねく照射しつくすかにみえる明るさの中にぽっかりと覗いている。この暗い穴は、普通はみえないままである。心も肉体も雑音と知識に満たされた喧しい旅人たちは気づかずに通り過ぎてしまう。見知らぬ土地に行っても、見えるもの、物質に還元されるものしか求めない「知識」に支配された人々はこうした暗い穴の存在を知ろうともしないからである。

日本や欧米で受けた「教育」というものの絶対的優位を信じ、そこで得た知識と技術をもってすれば何事も解らぬものはないという満々たる自信の中に生きる人間たちにとっては、割り切れないものはそもそも「存在」するものではありえない。彼らにとってはすべての現象は合理の旗の下で切断され収拾されるべきものなのだ。

しかし、夜の帳がおりると、果てしのない深い闇が訪れてくるのを識っている人々は、事物が決して合理によって割り切れるものでないことを感じている。あれほど光に満ちた昼も、いまやない。いつの間にか降りてきた黒い影はすべての存在を蔽いつくしてしまうのだ。もう見透せるものはいずこにも存在しない。圧倒的な重量感をもって暗さが迫って来ているのだ。

この闇の重さについて、私はついぞそれを量的なものとして感じたことがなかった。北タイの森の奥のワットでそれを感じるまではそのようなものが存在すると考えたこともなかった。熱帯の昼と夜の、蒸し暑くも底の浅い(と思われた)存在感の中に、半ば身を反らしつつ浸っているというのが、正直のところ、私のすべてであったのだ。私の了解の中には、所詮は一時の滞在にしかすぎない旅人の認識が、(人類学者の異文化理解の習性として多少の色合いを添えてはいるものの)あっただけで、自分もまたこれまで受けてきた「教育」の射程の万能を信じて、「知識」として受けとってきたことの中ですべてが処理できるものだと信じ、また「知識」によって対象を切断することこそ「理解」であると考えて知的な充足を感じることに喜びを見出していたのである。知性による概念の整理こそ課業にほかならず、それ以外にいかなる「発見」があるというのだろうか。それ以外の余分なものは入ってきてはならないものなのである。知性といい概念といい整理といっても、それはあくまでも近代教育の常識の上に築かれたものにほかならず、そしてどこまでも万物が割り切れる「合理」の世界の全的信頼の上に基づくのが現代の教育というものだから、そこでたとえ優等であれ私のように劣等であれ、得た知識というものは本来的にすべてを理解できるという前提に立っている。あとはそれを十全に獲得するための努力と個人の能力如何にかかっている。そこでは「解らぬ」ものは存在するはずがないことになっているのである。

こうした現代教育の万能主義の中で育ってくる人々が、すべては解るものだという牢固とした信念をもって、異なった心の風土へやってきたとき、その信念が果す破廉恥で傲岸な破壊的役割は想像にあまりある。寸毫の程にもその信念を疑うことはないから、それで切れないものはないはずなのであるから、すべて対象は切り捨てごめんということになる。この場合、その信念は現代教育によって培われたものだから、ある特定の信仰をもつのとはちがって、普遍性をはじめから「客観的」に保証されており、そこからなおのことその正当性と妥当性に関する疑念が芽生える余地はなくなってしまうのである。

しかし、いまやこういう教育の万能主義に対しては、疑問というよりもむしろ、異郷にあってそこでもたざるをえない経験がそれまでの知的強制による枠組の中でどうにも処理できないという事実に直面して、深刻な困惑が生じてきていた。

これまで得た知識の範囲では容易に了解しがたい現象が起ってきていた。自分の存在が土台から揺すぶられているが、それは思想の対決といった抽象的なことではなく、もっと人間と世界・宇宙との関係のあり方における異なった次元に、しかもそれについては憶測だけはこれまでにも可能ではあったとしても、リアリティーを有する経験としてはまったく知ることも教えられることもなかったところに、自分が否応なく連れられてきているのだという気持であった。

そうした世界について、それが自分の存在とはかかわりのない「他者」の世界であるとして、何よりも醒めた「客観的」な立場を護持して冷静でいられることは、一見筋の通ったもっともらしい立場であるようにみえて、その実、対象に対して本質的に防禦的な姿勢にほかならず、あくまでも自分を守ること、自らを教育によって保護された囲いの中に温存して、「他」を「自」の独善によって切断することを意味する。現代の教育はこれを「科学」の美名の下に正当化してしまっているところが多分にあるのではないであろうか。

だが、ひとたび悪霊の存在感を受けとめ、その替りにブッダの存在をその輝きわたる光波の中で感得したとすれば、一体、これまでの教育の何が役立つというのだろうか。このようなリアリティーを受けとめるための、いかなる訓練も、いかなる方法も、あたえられた試しはなかった。世界の奥行きの深さについて学んだことはなかった。世界は眼に見える形で割り切れなくてはならないというのが教育の基本的な態度であり、「思想」であるからである。といって私は信仰のことをいっているのではない。宗教教育が必要であるなどと主張しているのではない。

では、このような眼にみえない存在の世界について、それを感ずることはよいとしても、一体、どのように伝え、説明したらよいであろうか。ここで私はジレンマに陥るが、敢えて「説明」を試みてみることにする。

これまで便宜上悪霊といってきたのは、タイ人がピィーとよぶものである。タイ人の宗教的世界のみならずタイ文化に関してピィーは常に欠くことのできないものとして存在している。タイ人の日常生活においても、ピィーの存在は大きな意味をもつもので、絶えずピィーのことはきかないでいることがないほどだ。

ピィーは英語では spirit とか ghost とか訳されているが、日本語でも精霊とか霊、また悪霊などということはできるけれども、そのいずれもがタイ文化のコンテキストにおけるこの語の意味の全体を伝えるものではない。ピィーという語はいうならば文化の核を表現する語の一つであって、いわゆる多義語である。だから、前記のような訳語も各々一部の意味は伝えていても、それでピィーを了解したというわけにはゆかないのである。

しかも、この語を理解するときに、ちょうど私が北タイの森の中で体験したような、単なる言葉としてでない、事物―環境と行動の全体的な繋がりの中での了解という点を含めないとすれば、それは結局のところ「死語」の理解であり、辞書的な移し変えにしかすぎず、文化の意味は抜け落ちてしまう。言葉は肉体をもっているものだから、物の付随しない言語の理解は単なる形骸にしかすぎないのである。

といっても、いまここでそのようにいったところで、文化のコンテキストが異なるのは当然なのだから、何らかの説明はしなければならないわけであり、また異文化の経験も、自文化におけるコミュニケーションの役割を果さなければ本来意味のないことにちがいない。これは当り前のことといわれるかもしれないけれども、これまでの異文化理解——東南アジアの理解——においては、こうした注意はほとんど払われてきていないといってよいのではないだろうか。東南アジアに関する叙述は、ほとんどの場合、あらゆる分野を通して、ディスクールにおける対象をまったく無視して自文化の偏向を押しつける傾向がみられるといってもいい過ぎにはなるまい。政治や経済の侵略主義を非難する人人が、この点においてそのディスクールにおいては破廉恥な暴力主義を揮うことに平気である。またその地域の言語に精通していると称する人々が、「現地」においてはそれだけわがもの顔に、自言語優越主義を剝き出しにして、むしろ歪んだ現地主義を示す場合が圧倒的に多いのをみて、その卑屈な現地ゴロ的役割に唾棄すべき腐臭を感じたことがほとんどであった。

ピィーには、ラーチャトーンによると、実にさまざまな種類のものがあるらしい。ピィーの正体について、ラーチャトーンはなかばおどけながらいう、「正体を見せるようなことはしない。しかし、偉大な力で人間を意のままにあやつり、善きにつけ悪しきにつけ、われわれに徳や罪をもたらし、そのゆえをもって、人々の畏怖と敬愛を意のままにかち得ているもの。その御名は人呼んで〝ピィー〟(精霊)。ピィーはいつも、もうろうとしている。

その姿は定かでない。いうなればピィー自身、おのれの姿ままならず、ましてやわれわれの目に映るその姿や形などまことにもって疑わしい限りである。いい換えれば、もっともらしい知識や理屈をいくらこねまわしたところで、今一つ合点がいかず、ましてや他人に説いて聞かせても、しょせんは、かいなきわざ。まことにもって摩訶不思議なもの、尋常ならざるものとして、われわれの眼前に去来するものこそ、〝ピィー〟の正体というべきか」（ピヤ・アヌマン・ラーチャトーン、天野・吉川訳「妖怪変化考」『朝日アジア・レビュー』二四冬季号、一九七五年、一三四―一三五頁）。

ラーチャトーンによれば、ピィーには善いものと悪いものとがあるが、善いもの（善霊）はよほどのことがないかぎり、常に中庸の心を保っていて、人々に善悪の影響をおよぼすことはない。ただ、もし人が畏敬の念を込めて強く守護を求めしきたり通りの供養を執り行なうならば、その願いをきくことはある。人の願いごとを無下に断るようなことはしないのが善霊の善霊たるところであるというのである。

だが、この善霊（ピィー・ディ）とは今日では「テワダー」と一般によばれているもので「天上」に住む精霊であり、このテワダーという語がインドから入ってくるまでは天上の精霊（ピィー・ファー）とよばれていて、つまりピィーであった。テワダーは、普通は守護神とか守護霊とかいわれており、よく彫刻や絵でブッダのまわりに守るが如くはべるが如く舞うように描かれている天使のような存在である。テワダーは神格であって、仏教儀礼でも、これをよびよせて護ってもらうのである。

ピィーには善霊でも悪霊でもないその中間に位置するようなものもあって、土地の境界や祖先や英雄などのピィーがそれに相当する。これらのピィーはテワダーのように善き力をもつものではなくて、その性質は曖昧なものなのである。

だが、ピィーといえば一般には悪いもの、悪霊(ピィー・ラーイ)であって、私にはラーチャトーンのいうような善きものが実際のタイ人の日常の認識においてどれほど明らかに捉えられているのか判然としない。ピィーには善いものも悪いものもあるとはよくいわれることなのではあるが、善いものとしてのピィーということはついぞ私の経験では聞いた試しがないのである。例えばタンバイア教授もその名著『東北タイの村落における仏教と精霊信仰』(ケンブリッジ大学出版局、一九七〇年)の中で、ピィーの概念把握をする際にこの点では苦労していて、結局のところ、何らはっきりとした解明は行なっていない。この点については私はかつて指摘したことがある(「ピィーと誤解」本書所収)。ラーチャトーンはタイ民俗学の大家であるが、先にあげた論文も決して一つの場での集中的な実地研究による検証というよりさまざまな地域におけるさまざまな人々からの聴取や伝説の蒐集を基としているから、盛り沢山の事例がごちゃまぜになっていて整理は必ずしもよいとはいえず、ピィーの概念は明白になっているとはいえない。ただピィーというものの多様性については貴重な知識を含んでいる重要な論文であることはいうまでもない。私などの乏しい経験ではとうていこのようなピィーの多彩な姿は知ることができなかったからである。

ラーチャトーンの示すところから、善きピィーが実はテワダーと同じものであることが事実とすれば問題ははっきりとする。だが、ラーチャトーン自身がその点そういい切ったあとで、悪霊について述べながら、混乱している。

通常、ピィーといえば悪いもののことだと私はいったが、「ただ単にピィーとかアーイ・ピィー（悪霊のピィー）と呼ばれたり、外来語を用いて、プート・ピィー（魔神）とかピィー・ピーサート（妖鬼）とか呼ばれている」のはすこぶる攻撃性に富み、どこのだれにもおよそ善をもたらすことをしない性質のものなので、人々はこのピィーを一番恐れるのである。こういうピィーは至るところにみられ、性質の悪いいたずらをしては、人間を驚かして喜ぶ。ピィーのこうした攻撃を逃れることはまず不可能だと考えられている。だから、こういう悪い作用をなすピィーは低級のものだとされ、善いピィーの名を汚すものとされ、人々は善いものをテワダー（またはチャオ）やテーパラック（守護霊）とよんで区別したが、そうすることによって、「ピィーの最初の意味がタイ語においては、狭義のピィーとなってしまった。しかし、ピィーを悪霊としてだけの意味で使うと、『祖霊』や『家の霊』の如き善霊としての意味をもつピィーが宙に浮いてしまう。といって、これらのピィーをテワダーと呼び替えようとすると、これもまた問題である。というのも、国王の祖先霊に対してテワダーなる呼称が使われているからだ」（前掲論文）となると、テワダーという用語自体もピィーの善いものとだけ規定することができなくなってくる。それにタイ語の最初の意味が狭義のものであるということになると、タイ語のピィーはもともと全部ではないとしても大部分悪いものとして用いられてきたといってよいことになる。祖霊ピィー・バンパプルットなど善いものも含むとはいっても、例えば、「人が死ぬと、死者の霊は、一般に身内のピィーとして、どこに行くでもなく、しばらくは家の中をさまよっている」のであって、これを祖霊というのである。これは善霊であるとラーチャトーンはしているが、私の経験したところからすれば、人が死ぬと死者を出した家の者は非常に恐がって、死体に近づかないだけでなく、当分の間はピィーがいるからといって僧をよび、ピィー払いの儀礼をしたりして大変である。そのさまをみると、この場合のピィーが善い作用をするものだとはとうてい思えないのである。げんに私がピィーについて質問をすると、皆一様におそろしい、と蒼い顔をしていっていた。だから、さまざまな場合が考えられるとしても、人が死んでピィーとなるときには、それは悪いものの分類に入るものであって、まず一般的にみて善霊だとは考えられないのである。

しかも、ラーチャトーン自身が、そのように説明しておきながら、「ピィーがこの世に本当にいるのか」と問い、「私は『さあ？』と答えざるを得ない」といいながらも、その次には、「しかしながら、黄昏がやってきて、あたり一面薄ぼんやりとしたり、暗くなって静寂と化し、寂しくてどこか薄気味悪い場所ともなれば、そこにはピィーがいるに違いない、と私は思う」と記している。この記述からみれば、この場合、ピィーとは何やら恐ろしいものの類であることは明白である。ラーチャトーン自身が、ピィーというものは悪いものであると思い込んでいるところがはからずも表われているように思われるのである。ラーチャトーンもピィーという語の説明には苦労しているようだ。つまりは、ピィーというものが概念的に割り切れるようなものではなく、その多様な現われ方を捉え切れる説明の方法がないことになるのであろうか。ラーチャトーンは「ピィーに対するわれわれの恐怖は本能的なものだ。ピィーが善をもたらしにくるのか、悪をもたらしにくるのか、一体どんなふうにしてやってくるのか、それもよく分らない。ただ何か不思議なことが起った時、それがピィーの仕業であると信じるよりほかはないのである」ともいっている。

ピィーに関するこの混乱は、用語や概念の問題だけでなく、現実においても現代のタイ人に複雑な反応を起させるものである。

僧院を出たあと、バンコク市内のアパートで一人生活していたとき、若いお手伝いさんに来てもらっていたが、スパンブリ地方出身の二十四歳になる彼女のピィーに対する反応は興味深いものであった。私がよく夕方などピィーについて話すと、彼女ははじめ笑いながらそんな話は嫌だといっているが、それでもこちらがやめないで続けると、そのうちに怒り出し、ついには耳をふさいで泣き出してしまい、一階下にいる姉さんのところへ駆け降りて行ってしまう。こちらも彼女のピィーに関する反応があまり変化に富んでいるのでときどきついこうした話題をもち出してしまった。泣き出してから悪いことをしたと謝るのだが、もう遅い。その日の夕食は見送るよりほかないことになってしまう。また水道が水も出ないのに音を立てたりすることがあると、彼女はおそろしそうにそれを指して、ピィーがいると真顔で訴えることもあった。さらにあるとき私が不用意にピィーのこわさについて話すと、彼女のノー・スリーブの腕にパッと鳥肌が立ったのである。そのときばかりは反応のすごさにびっくりしてしまった。

彼女ばかりでない。私があったタイ人の友人でピィーのことを触れたがらない者は男女とも多かったし、友人が死んでそのピィーがいるとこわそうに話すタイ語の先生さえいた。二十歳の学生四十人に対して行なったアンケート調査にも、ピィーについては実際その存在を信じているとの答が九〇パーセントを越えていた。

ワットにおいてもいつもピィーについては語られていたが、とくにワン・プラ(僧の日)の高僧の説教にはピィーについての言及が必ず行なわれ、ウィーサカ・プージャ(ブッダの誕生とさとりと死の三つを祝う日。五月の満月の日が相当する)など仏教の大祝日の夜にチェディ(ブッダの聖体の一部が奉納されている塔)の周りを三巡するビエンティアンの前に人々に対してなされる僧の説教では、ピィーへの対処法が、私の聞いたときのことであるが、堂々と説かれていた。

私が数ヵ月住んだ修行寺のクティでは私が入る数ヵ月前に二階のベランダからデク(寺小僧)の一人が誤って落ちて死んだことがあったのだが、僧たちは夜になるとおそろしがって、彼のピィーがいるのだとしきりと噂していた。幸いなことに、私はそこではついにピィーと出会わずにすんだけれども、同僚のインドネシア人僧は夜中にいく度もピィーが動くのを感じたといっていた。また私が一ヵ月ほど下宿したバンコクの下宿屋の女主人は、私が入る少し前に東北タイ出身の女中の一人が変死したといって、それこそ気狂いのようにそのピィーをおそれて毎日のように九人の僧をよんでは悪霊払いの儀礼を行なっていた。私もいく度かそれに参加したが、僧院から出て来たばかりの私には格別の好意をもってくれて、大変喜んでいた。ピィーに対して少しでも対抗できるものを近くにもつことが嬉しいらしかった。

3

いわゆる大学の先生などの「知識人」となると、反応はこのようにストレートにはゆかないようであったが、私はむしろその屈折した反応の中に問題の重要性をみるのである。

東南アジアのいわゆる文化人や知識人(大学教師とかジャーナリストとか高級官僚などの知的職業の専従者を一般に指して用いる。「知識人」という語の日本語における独得のニュアンスのいやらしさは含めない)に会って容易に感じられることの一つは、自己のアイデンティティの確立の困難ということである。多くの場合、彼らは純然たる社会的エリート層の出身であるが、その価値志向における分裂は覆いがたい現実となって示される。国家と民族、言語、文化と宗教などさまざまな要因がそれに拍車をかけずにいない。

とくに顕著なのは、彼らのほとんどが経験している欧米での「合理的」にソフィスティケートされた高等教育から学んだものと、彼らが生れ育った環境のあたえたものとの間の価値的分裂であって、額面で押し立てなければならないと思い込む「近代化」への姿勢と内実における別な次元の感じ方とのずれからくるいやし難い矛盾である。近代日本のエリートたちが、和魂洋才などといいながらも、実際においては伝統に対しては冷淡に振舞い近代的価値を全面的に受け入れようとして邁進したのと較べると、現代の東南アジアの知識人たちを襲うジレンマは深刻である。というのも、いまでは世界の状勢からみても、近代主義への邁進は決して幸運な形で、また成功の確率を信じては行ない得ないことが明らかであるし、また達成すべき目標は混沌としてしまっているからであり、それに一方には「社会主義」という新たな目標も急激に出現してきているからである。

これまで彼らを捉えていたのは強力なる「近代化主義」の波であった。近代化はどこでもきかれるお題目であり、額面として押し立てねばならない至上価値なのであった。欧米そして日本はさしずめこの近代化主義のお題目に乗じて、まさにこの地域の弱所に喰らいつき、近代化の商品目録を華麗にちらつかせながら、その達成への空約束を餌にして、強引なる隷属を政治・経済的に行なわせてきた。このやり方は、これらの「先進国」における進歩主義の破産によって一九七〇年代に入ってから大きく崩れてきたし、今日では「近代化」に対してはかつてのような熱烈なお題目を唱えるさまはみられなくなりつつあるとはいえ、それは根強くはびこっていることは事実であるし、また彼らをとりまく現実の環境は近代化の推進を放置できない状況になっていることは確かである。開発―近代化―進歩という図式は一度取り入れようとしたら、もう抜け出すことは不可能な悪循環を繰り返すから、その抑制がどこまで可能かという問題は今後これらの地域を中心としてもっとも重大な解決すべき問題とならざるをえない世界的な問題にちがいない。

ところで、近代化主義を一身に帯びたような知識人たちの姿勢であるが、私は彼らとの相互交流の中に身をおいているうちに、外面的には近代化のお題目に塗り込められたような彼らの存在の内部には実は秘かな生々とした別の世界が息づいており、その息づきこそ確固たる生存の核心ではないか、と思うようになった。

それは一見すると、前述したように価値の分裂に映るものであるが、それは多分に「外面」用の仮面でもある。分裂は確かに存在するが、といって、近代化への挫折によるものといった形での捉え方は誤解もはなはだしいことである。それは「先進国」の傲りからくる一方的な決めつけであるといってよい。相手を理解するのに己れの充足的な範疇を用いて裁断することである。

ピィーについての私の「理解」のプロセスにおいて、このことは明らかになってきたように思われる。もっとも、私の「理解」などということはおこがましいといわねばならないかもしれない。私には依然としてピィーは理解の外にあると思われる面が強いのであるが、これまでに触れたような経験を通して、それを感じることは深められたとは思っている。

知識人とピィー。この問題に戻ると、いま私の経験したある出来事を想い出さずにいない。

この事件は、私にとってあまり芳しくないものであり、苦々しい想い出だ。だが、これはその最初の苦々しさを通過した後は、私にとってはまたとない異文化理解のよい経験の場をあたえてくれたのである。

一九七二年から二年ほどの期間でタイに留学したときの最初に起きたことである。私にとって五度目のタイ国滞在時であったが、留学の目標の一つであった人類学的な実地研究のテーマに「仏教」を選ぶことは以前から決めてあった。そこで留学先のT大学での指導教授の一人の下で勉学計画を立てるときに、まずはじめから失敗をしでかしてしまったのである。

というのは、研究テーマとして宗教を立てたことはよかったのであるが、宗教のどういう面に関心があるのかときかれて、宗教と呪術との関係を仏教信仰の中に追求したいと答えたところ、その教授の顔色はサッと変わって、いっぺんに不機嫌になってしまったのである。彼がいうには、宗教研究はよいし仏教も重要な課題であることは認めるが、呪術のようなものと仏教とは本来関係がなく、また必要のないことであって、そうした面の研究なぞ何の役にも立たないから、する必要がない、もっと別のことにするべきだとのことなのである。こちらはこのテーマに熱中していたので、怪訝な顔をして彼を見つめたものである。

だが、その口調は強く、眼には嫌な気配が漂っている。こちらとしてはタイ文化における宗教の問題は仏教と呪術との関係を明らかにしないでは成立しないと考えていたことでもあり、また呪術の研究はこれまで人類学が追求してきたテーマの中でもとりわけ重要で学的蓄積の豊かな分野であるから、これを抜かした宗教研究など気の抜けたビールみたいなものとなってしまうのである。しかも、最近、東北タイの村落における仏教と霊信仰の二重性を構造論的に探求したタンバイア教授の画期的研究が出たばかりなのだ。その点にも触れて、呪術研究の重要性を指摘すると、教授の表情はますます険しく、ついには「タイを侮辱する気か」と、怒鳴られてしまった。この教授とは七、八年来の付き合いがあり、年齢も四、五歳しか離れていない。これまではずっと打ち解けた仲だった。それなのにこの有様で、唖然としてしまって、何が起ったのかよく解らなかった。彼は英国で勉強してきており、実地調査も行なって研究をしてきている。学術研究に対しては深い理解があったはずであり、これまで実に快い交際を重ねてきているのである。それがこの急激な態度の変化である。とうとうこのときは怒鳴られ別れとなってしまった。しかし、こちらとしては別に悪いことをいったりしたりしたわけではないと考えていたから、どうも釈然としない。それで「何をバカなことで怒ったりするのだろう。とんだ奴だ」などと憤慨したものであった。

それで次に会いに行ったときに、呪術的な面は大事であるが、宗教にはさまざまな呪術的要素が含まれているというのは宗教学者の常識でもあるから、むしろ開かれた宗教である仏教そのものの可能性としてこうした面での研究も必要であると思うとはっきりいうと、教授も前回の態度を少しはしたないと思っていたのか、一応諒承してくれた。ただし、公の研究計画書にはそれは書かなくともよいとのことであった。もっとも、これは彼にだけ提出するものであって、それ以上のものではない。指導教授さえ了解してくれればそれでよいのである。だが、こうしたやりとりがあった後は、どうも二人の間には隙間ができてしまって、しっくりとこなくなって、それまでの親密な仲が損なわれたことは否めなかった。それでいつも行く義務もないままに、大学院の彼のゼミもバカバカしくなってきて、やめてしまった。大学へも足遠くなり、さらにこちらは寺へ入る準備に忙しくなって、仏教と呪術などという研究題目を客観的に立てることに熱中するよりも、これも前から考えてはいたことではあるが自ら修行を通して仏教とタイ文化を認識することに目標を見出すようになっていたから、自然と彼とは会うこともなくなってしまった。そうしていつしか数ヵ月経った。

やがて私はタイ仏教の寺院で剃髪して僧となることになり、それがタイの新聞などで大きく報道された。私のウパサンパダ(僧になる儀礼)の日に、すでに頭を剃って白衣に身を包んだ私がウポサタ(本堂)の中でお祝に参列するためつめかけたタイの人々の方を振向くと、その中に何と教授がきているではないか、思わず嬉しさがこみあげてきて軽く礼をすると、彼もニッコリと笑って、ワイ(拝礼)を私に向ってした。その瞬間、私は直観的に二人の間がまったく以前と変わらぬ親密さを取り戻したことを感じていた。その後の儀礼過程において、いまや私ははり切って堂々とパーリ語経文を独唱することができた。

教授はその後も何回となく私のクティに訪ねてきてくれたが、いつも捧げものをもってきて三拝の礼を深々とされるので、僧として私は礼を返すわけにはゆかないから、はじめは困ってしまった。こちらの方が人間として一段上の存在になってしまった厳然たる事実はタイ文化のコンテキストにおいては動かし難い現実なのである。

そうしたあるとき、教授はいつもとはあらたまった調子で、私は君にすまないことをした。君が呪術などに興味をもったことを非難したことがあったけれど、君を誤解していたように思うといった。彼がしみじみというには、私が呪術などというので、またタイ文化の「未開性」を興味本位で研究にきたのかと、これまでの欧米の研究者や日本からの研究者にいつも感じていた傲慢ないかにも先進国からもの珍し気にやってきた「科学」の名を借りた連中と同じかと思って嫌になったのだ。だが、君はちがった。君はちゃんとこうして厳しい修行を通してタイを知ろうとしている。まだ私でもやっていないことなのに。そういう君だからいうけれど、君たちが呪術などというけれど、とくにピィーなどの存在については君らはバカバカしいと一笑にふすだろうが、タイ人にとってはそうされると心の奥の大事なものが晒しものにされたような感じになるのだ。それは私たちの存在とともにあり、私たちはそれと切り離せない関係にある。定かではないし論理的に説明できるとも思わないが、これは私たちの存在の内奥にひそむものであって、自分たちのアイデンティティの拠り所となっている。口先では私なども笑い飛ばしてみせるけれど、心ではそっと大事にしている核のようなものなのだ。こういうことを私のような者がいうのは恥ずかしいのだけれど、これは真実なのです、と。

このように話す教授の表情は真剣そのものであり、私には彼がはじめて心を開いているのがわかった。私自身も、仏教と呪術などと学問至上主義的ないい方ばかりをしていて、知らず知らずに何と生意気で科学研究に名を借りた「他者」の傲慢な態度を示していたことだろうかと思って恥ずかしい気持になった。しかも、修行の日々を通して、私の前には従来考えていたのとはかなり異なる世界が展けてきていたのである。

このような教授との行きちがいと和解という出来事と同じような種類の経験を、私はいく度もさまざまなタイプの知識人を相手にもっている。タイの外務省の高官との間にもかなり大きな行きちがいが起ってしまい、一度は私も国外へ追い出されるのではないかと心配したが、幸いそうはならなかった。この場合も、私が自ら僧修行をはじめた事実がすべてを円満に解決し、関係は先の教授との場合のようにかえって親密と理解の度を増して、今日におよんでいる

しかし、こういうことを繰り返し、試行錯誤をしながら、徐々に私にはピィーの世界が人々の心の内奥にある文化の核のようなものであること、そっと大事にして、いかなる外部の変化にも晒すことなく、自らの存在のアイデンティティをそれにかけているような重要な「あるもの」であることに気づいてきた。だから、それを学問の美名の下にであれ、好奇心の対象とするような「外人」の言動に接して、どれほど人々が内心傷ついているのか、理解できるように思われてきた。この痛みは二重三重に人々の心の奥深く隠されているから外からは容易に窺い知ることはできない。けれども、それは

隠されているがゆえに根強く存在するものであり、アイデンティティのかかった問題である。これを無視する、というよりもむしろ蹂躙するような態度が「近代化」を援助し開発を促進させるという名目でやってくるあらゆる種類の人々に一般的な姿勢であることを思うとき、東南アジアとの相互交流の不可能を感じてしまう。現代技術の前にあえなく崩れゆくかにみえる人々の文化の内奥においては、そうした外的変化の嵐の中で必死にもみ消されることのないようにと護られている貴重な価値の中心があり、それは外からはみえない。

それがみえるようになるには、あくまでも私たち自身が「それと同じコンテキスト」の中に自らをおいてみなくてはならず、人々から「同じ存在」と認められなくてはならない。考えてみれば自らはあまり知識－合理優先的な人間ではないことをよくわきまえているつもりではあるのだが、自らが棲息している知的環境の影響下にあることは事実であり、いつしか無意識の裡にそれが身についてしまっている。恐ろしいのは、反省的でありかつ批判的であると思い込んでいる人間の姿勢それ自体が、あるコンテキストの枠内だけで通用する自覚だけしかもたないのに、それにまったく気づかない場合が多いことだ。

いつの間にか知的充足と知的発見とを求めることが「当然のこと」であるように思い込んでしまって疑わず、そこにおける目的追求を絶対化してしまう独善がまかり通ってしまっていた。近代知識社会の発達は、この独善を学問追求の美名の下に聖化してしまった。それはすばらしいことではあったが、反面、多くの歪みを生ぜしめたことは認めねばならない。

しかも、この美名は決して人間社会に普遍的に通用するようなものではない。私たちの世界における外的なコミュニケーションは容易になったが、それとともに、すべての場で自らの閉ざされた理解の枠組を出ようとせず、とくに異文化の理解について物化してしかとらえようとはしない傾向が支配的になってしまった。私たちは相手の心を波うつ微細な心音に耳を傾けることをしなくなった。

しかるに、いま世界の中心は崩れ、逆説的にいうならば世界は再び近代以前にみられたような「多元化」へと、民族誌的現在を再現しつつある。ピサロやコルテスが新大陸で文化の独善の暴力を発揮して、「異郷の神」を抹殺してからというもの、私たちの世界は物質と暴力を中心とする世界となってしまっている。いまや、それを根本的に反省するべきときが訪れているのだ。ピサロやコルテスの後継者の思想は近代思想の中核となって、ベトナムを襲った。これら異郷にあって土地の神を神とも思わずひたすら殺戮を重ねてきた人間の所業を、いまどういう教訓とするか。

異郷の神を畏れる心をもって、異郷ははじめて理解の中にあらわれてくる。そのとき、自文化の独善と偏向もまた理解されてくる。それまではながい間違いと試行錯誤の時間が過ぎるのである。しかし、一番大切なことは、「科学」に荒廃した心を少しでも浄化して、異郷の神々の存在を知らせるそっと息づくかすかな心の動きを異郷の人々の中に見出すことのできる感受性を私たち自身が取り戻すこと、あるいは養うことにあるのではないだろうか。

文化の翻訳（1）

1

タイで仏教(Buddhasasana)の人類学的実地研究に従事していたときに、あるとき突然、自分の扱っている問題が、それを日本語において記述しようとすればほとんど絶望的な困難に陥らざるをえないという事実に気づいて愕然とした。それまで異文化・異社会の問題を理解することに、その技術上の難題は多々あるとしても、それほど問題を感じていたわけではなく、理解は客観的に自分が組織的な調査を通してその文化にかかわる度合が深くなればなるほど自然に得られるものという〝科学的〟態度が質的な面も含めてどこかにあったのである。しかるに、タイ仏教における実践による理解の試みを通して次第に明らかになってきたことは、〝客観的な〟理解というものが果して存在するのであろうかという疑問であった。

一度そういう意識が芽生えるとウェーバー的な社会科学的態度を宗教に対して一応とっていたこと

への反省も含めて、自分が直面しているタイ文化における仏教の示す概念は、すべて翻訳不可能なものにさえ思われてきた。実際、極端にいうならばブッダサーサナというタイ語を「仏教」としてしまうと、そこに含まれる意味の大半は失われてしまうような感じがつきまとって離れない。例えば、タイ語およびタイ文化において「僧」を指すものと思われる言葉に phra(プラ)という語があるが、これを自動的に現代日本語の「僧」としてしまうと、タイ文化におけるプラの意味の大半は失われてしまうのである。タイ文化のコンテキストにおいてプラという語は、ざっと考えても次のような特徴を含んでいる。(一)プラは尊称である(国王や高貴なる存在の称号に必ずつけられる語である)、(二)オンに対して用いられるものである(オンとは徳に満ちた存在のことで、一般人(コン)と対比されて用いられる人間のカテゴリーである。プラはオンである)、(三)空間的に隔離された存在(ワットに住む者。一般の社会的空間に居住できない)、(四)時間的に隔離された存在(一般社会の時間的秩序に従わない。パンサー順にプラとしての年齢・位階その他が決められる)、(五)行動規準の区別(一般の法律に従うのでなく、ヴィナヤの二二七の戒律によって生きる)、(六)シンボリズムの区別(チーオン(黄衣)をまとい、剃髪し、裸足で歩くなど)、(七)一般の日常生活からの引退(市民権や選挙権はなくなる。家族の籍もなくなる)、(八)特殊な知識(パーリ語、ダールマなどの聖典、呪術や占いの秘義を知っているなど)、(九)ブン(徳)の源泉であること。

しかも、こうしたタイ文化におけるプラのコンテキストを辿ってゆく語の理解の仕方によって、タイ文化において人々がプラという語を直ちに呑み込む理解がどこまで他者の共有するところとなるのか、少なくともプラを一語として日本語と日本文化の中に移し変えることの絶望的困難を想うと、そこには越えがたい障壁が存在するのを感じないわけにはゆかないのである。タイ仏教の人類学的研究をまとめていながら、いくつかの論稿もすでに発表したとはいうものの(2)、こうしたもどかしさと困難は依然として解決されないまま存在しているのである。

エドマンド・リーチによると、現代の人類学者の主要な仕事は、「他者」を理解し、他者の文化を自己の文化に翻訳することにある(3)。私もまったくこの意見に賛成であるが、実際の作業となると、リーチ自身も解答を十分与えているわけではないことも併せて、さまざまな難題が続出して始末におえなくなることも事実である。リーチは文化の翻訳は単なる言語の移し替えではなく、他者の文化的言語の詩的意味を翻訳することにあるというのであるが、このような問題を解決するためのいかなる方法論の確立もまだなされていないのが現状である。それは言語理論の応用といったことではないように思われるし、従来の言語人類学的方法によるものともちがうように思われる。いわば量的な技術的操作が必ずしも適用されえない領域に属する問題のようにみえる。私自身、自分の実践研究・経験した現実の処理が必ずしも手に負えるものではないことを認めなくてはならない。

異文化理解における人類学者の方法が、比較文化のコンピューター的算出のための品目作製で科学的野心を充足させていた幸福な時代は過去のものとなったし(4)、また「物に言葉を」貼りつけて理解してゆくフィールド・ワークの方法も「物」がどこにおいても同じであるという素朴客観主義に立脚するものであって、ある強力な支配的文化の基盤に立つ独断が正当化されているかぎりにおいてはそういう素朴さは近代科学の自己充足的欲求解消の上に成立していたが、その正当性が一つの偏見にしかすぎないことが判明してみると、その理論的根拠も崩れてしまうのである。文化というものが、どこにおいても一様な共通品目を取り揃えているという幻想はいまや壊れた。フレークがいうように「問題提起的人類学者」にとっては「ある特定の物がその文化にあるかないか」がむしろ問題なのである[5]。人類学者は異質の観念の理解において、言葉—認識—行動というトライアングルの中で意味を共有する試みを行なってゆかなくてはならないが、そこにも、ある特定の表現ないし言葉に対して、論理的—構造的な理解の仕方と、直観的—メタファー的理解の仕方が存在するという問題はのこるのである。この問題は、文化を翻訳する際に、決して分離できないものとして一挙に出現してくる。その場合、人類学者は自らが両極へと分裂してゆかざるをえない一種の越えがたい矛盾を感じないわけにはゆかないであろう。文化の翻訳において、人類学者は自らが二元的存在であることを知らされる。

　プラという言葉も自分がプラであったときにはいかなる矛盾としても存在したわけではなかった。その点、私自身がすべての点においてタイ文化におけるプラを体現していたからであり、極端に誇張していうならば、そこには人類学者の体験として他者でありながら同時に自者であるという稀なコレスポンダンス(ボードレール)の瞬間的体験が存在していた。それも一種の錯覚にすぎなかったかもしれないが、たとえ錯覚にしろそこにおいては異文化の中にあって異質の言葉と物とが一致していた。しかるに、一度帰国して日本語と日本文化の中で私が実践を通してえたものを表現しようとすると、というよりもそれは前述した如く、すでにタイ文化の中で日本文化への翻訳を企てはじめていたときに私の中で起っていたことであったが、あれほど自明なものであり、言葉—認識—行動において確かと思われたものが、絶対的な不可能事として立ち現われてきたのである。

初期のウィトゲンシュタイン(『論理哲学論稿』)が指摘しているように(といって後期の彼がそれを克服したとも思えない)、われわれは「思考できぬものを、思考することはできない。かくして、思考できぬものを語ることはできない」のであって(この意味は必ずしも明らかではない)、「わたしの言語の限界は、わたしの世界の限界を意味する」のであろうか[6]。私は異文化との瞬時におけるコレスポンダンスの成立可能であるかぎりそうした断定は否定したいが、とはいっても、その否定は容易ではなく肯定した方がはるかに楽なのであるが、そういうことさえ論理的によく説明できるとも思われない。問題はほとんどのこされている。

以下は、こうした問題に関しての現在の人類学における取り扱いの一端を、私自身のマテリアルの分析への手掛りを求めながら(ここでは直接には触れないが)紹介し、より一般的な問題として提出するためにまとめようとする試みである。

2

ジョージ・スタイナーは、言語学と文学との関係について論じた報告の中で、「われわれは翻訳の理論の原理すらもっていない。一つの言葉から別の言葉へと移ってゆくときに人間の心がどのような作用をするのかについてのいかなるモデルの基礎すらまだ有していない」(7)と指摘している。スタイナーによれば、中国哲学におけるある概念を英語に移し替える試みについて語りながらI・A・リチャーズは「ここにはまさにコスモスの進化においてこれまで生み出されたものの中でおそらくもっとも複雑なタイプの出来事《イベント》がなされているといってよい」と記しているが、では一体この出来事とは如何なる種類のものであるのか、というと決して明らかになったわけではない。スタイナーは、翻訳の状況に関して次のように問いかける。即ち、われわれは、サピアー・ホーフ説がいうように、現在地上に存在する四千以上もの言語の各々が、ある特別のこれ以上は還元できない究極的な現実の分節化を行なっているのだというような状況を扱っているのであろうか。様々に異なる言語は、各々が本来的に多種多様な形での現実の構造化と経験を行なっているのであろうか。そうした場合、最上の翻訳ですら真似事の近似値しかだせず、また移植の幻影にしかすぎないものであろうか。

スタイナーが問題としているのは文学であり詩である。それは本質的に翻訳機械では解読・移植が不可能な領域に属している言語である。スタイナーがオーキプ・マンデルシュタームの十六行詩のロバート・ローウェルの英訳を引用して、この詩をとことんまで読み尽そうと試みることがロシア語においてスタイナー自身がそれを行ない得ない以上、それは愚かなむなしいことであるというとき、それはスターリン治下のソヴィエトにおける唯一のロシア語を話すものとしての象徴性、つまりはこのスターリンについての十六行詩が惹き起した詩人を死に至らしめた逮捕という現実のコンテキストとともに、そこに示された詩としての言語のあらゆる可能性がそれ自体殺人を招くものであったということが、翻訳機械の接近を寄せつけない要素をひめるものであることを明示する。

　では翻訳するとは一体どういうことなのか。スタイナーに先んじて翻訳に自らも実践者として参加し文学史上に遺る成果をあげているワルター・ベンヤミンはその本質的な洞察によって啓示的な響きを感じさせるエッセイにおいて、翻訳の可能性を次のようにのべている。「諸国語はその志向そのものにおいてたがいに補完し合うのである。言語哲学の根本法則のひとつであるこの法則を把握するためには、その志向のなかで、意味されるもの《ダス・ゲマインテ》と言い方《ディー・アールト・デス・マイネンス》とを区別しなければならない。〈Brot〉と〈pain〉において、たしかに意味されるものは同一であるが、その言い方は同一ではない。つまりこの言い方のなかに、この二語はドイツ人とフランス人とにとってそれぞれに異なるものを意味すること、この二語は両者にとって交換できないものであり、結局はたがいに排除し合うものであること、しかし意味されるものから見て、絶対的に考えれば、同一なものを意味することがあらわれている。言い方は、このようにこの二語においてたがいに敵対し合う一方、その言い方が属する二つの国語のなかではたがいに補完し合う。それは、二つの国語のなかで、意味されるものとの関係において補完し合うのである」(8)。

「純粋言語」に到達する方向での翻訳の理想論はこの文章に尽されているように思われるが、ベンヤミンの一種「神学的」な深みを示す洞察は理論的な指針とはなっても、実際における困難は依然として解決し難い問題として存在する。「パン」という日常的で一見容易に置換可能に思える言葉においてすら、またそれがドイツ語とフランス語の間においてすら「交換できない」ものであり、「結局はたがいに排除し合うものであること」という指摘にむしろ衝撃的な困難を感じてしまわないわけにはゆかないのである。これはスタイナーがいう「詩」の問題だけではない。もっとそれを一般化したところで言語一般にわたって異言語への移し変えの可能性がほとんど絶望的な問題として出現してこないわけにはゆかないのである。しかも、問題はそれだけではない。言語というものが文化の構成要素の一部をなすものである以上、スタイナーとベンヤミンの提起した問題はそのまま異文化理解へ赴く人類学者の問題であるといってよい。スタイナーは前記の報告の中で「もしわれわれが人間の活動のうちでもっとも重要で複雑なもの——つまり、ことば《スピーチ》の活動、すなわちロゴスの使用と伝達についてもっと詳しく深い理解を得なければならないものとするならば、詩の研究者と言語の研究者が一致協力することは絶対に必要であると確信する」(9)といっている。とするならば、文化の研究者である人類学者にとっても条件は同じだといわねばならない。

しかし、「ロゴスの使用と伝達」についての人類学者の問題は、必ずしも言語にだけ限られるものではない。われわれがコミュニケーション活動において行なうのは単に言語《バーバル》によるコミュニケーションだけではなく非言語《ノン・バーバル》的コミュニケーションを行なうことも含まれており、それもまた大きな役割を有している。リーチが明解に指摘するように「人間が社会に互いに共存することを可能にしている文化の型づけられた慣習は、それらが人間の言語と〝同じように〟構造化されているという特殊な人間的性格をもつものなのである」[10]。だから、言語という場合も単に話されることばだけでなく(話すことは特殊な種類の行動である)、書くということ(これはわれわれが手でもって行なう活動の中のほんの一つの作業にしかすぎない)も含めて、両者の関係が追求されなければならない。五官による活動もコミュニケーションの重要な手段である。われわれは聞くことだけでなく、見ること嗅ぐこと触ることと感じることによってもメッセージを受けとることができる。こうした五官によるコミュニケーションも文化による型づけを受けていることによってその解読が重要な文化理解の鍵をにぎるものであることは、言語の場合とある点では等しい問題を提出するものであるということができるようになってきている。

だが、文化の翻訳は当然のことながら言語的と非言語的の両方のコミュニケーションの総体を含むものとはいえ、こうした総体としての文化が果して他の総体へ翻訳されるものなのかという問題の探求は人類学においてまだ十分に開発されたものとはいえない[11]。むしろ今後の解明をまつ未知の重要な領域である。ここで私が取り扱う問題としては手に余りすぎるものといわなければならない。問題はこうした全体的な展望をひそめながらもいま少し限定される必要がある。

人類学者がこれまで非常な努力を傾けてきた異文化理解における大きな解読上の問題に、宗教的観念の問題がある。自己の育った文化とは異質の文化の中で必死にその文化の本質を探り求めようとする人類学者に対して、抽象的な概念の把握、とくに宗教的な観念の理解は特殊な困難をあたえてきた。

もちろん、宗教的な観念の理解は文献学的な意味における翻訳の上の問題としてみても特殊な難しさをともなう問題である。井筒俊彦はコーランにおける宗教・道徳上の諸概念を研究・分析するに際して、翻訳に依拠することの危険性を強調しながら、「翻訳された語、或いは文は原文と高々、部分的に対応するにすぎず、極く初歩的な段階における間に合わせの手引きとはなるかもしれないが、多くの場合、全く不充分であるばかりか、人を誤らせさえもする。いずれにせよ、それらは民族の道徳的世界観の構造を論ずる場合の信頼するに足る基礎とは決してならない。……しかし、あるテクストを原文で読んでいる場合ですら、我々はほとんど無意識のうちに我々の母国語の土壌で培われた様々な概念をそのテクストの中に読み込んでしまい、そのテクストの重要な語のすべてではないにしても、多くを我々の言語においてそれらと対応するものに変えてしまいがちであるならば、それだけで、この原則の重要性、及びそれに絶えず注意を払わないことが如何に危険であるかがわかるであろう」(12)と断言している。

井筒はその著書全体を通してコーランにおける宗教概念が翻訳不可能なことをアラビア語の語それ自体がもつ厳密な意味構造を明らかにすることによって示している。彼の方法は「語が用いられる場合の幾つかの条件によってその語の意味のカテゴリーを記述してゆくやり方」(13)である。

人類学者の場合には、ここに示されるような文献学者の行なうような意味での言語に対する(書かれたものとしての)厳密な検討は当面のところ中心課題となってはいない。人類学者のこれまでの主たる研究対象であった「未開社会」は通常無文字文化であることを一つの特徴としてきた。人類学者は本来書かれないものである言語を対象としてしかもそれを「記述して」理解するという作業を行なってきた。それ自体本質的に矛盾であるということもできる。しかし、難問はそうした自分が言語認識として経験の裏づけを本来的に有していない言語によって示される概念を理解しなければならないというところにある。そこで生ずるもっとも大きな危険は、井筒が前述の文章で指摘しているように、異質の言葉・概念を母国語におけるそれによって「読み込んで」しまうことである。それに加えて問題となるのは人類学者それ自体が自分の文化的偏向をすでに有しているという事実である。だからある種の言葉や概念は、人類学者の属する社会・文化の状況や事情によって、容易に受け容れられたり、拒絶されたりすることがあるわけであり、そしてそれはまた当の人類学者自身の思想・背景によっても理解の制約を受けずにいないことを知らなければならないのである。言語が「象徴による文化への手引き」(サピア)であるならば、この手引きには常に両刃の剣が隠されているというべきであろう。井筒のような厳格な文献学者が概念の理解に際してとる態度は、本質的には人類学者にとっても同じであるはずである。

3

このような問題を考えに入れた上で、異文化における観念理解に際して人類学者を困難に陥れている問題とは具体的に何であろうか。こうした問題を考える上でとくに参考となる事例を考えてみよう。ここでは代表的な「両刃の剣」の例として、ポリネシア人の「タブー taboo」という概念と英国人の「belief(信仰)」という概念の二つをとり上げてみる。

タブーという言葉は周知の如くポリネシア語であって、ヨーロッパ人によって発見され、今日では日本語も含めてほぼ世界大的にとり入れられ用いられている言葉である。手許にある国語辞典にもこの語は位置をあたえられていて、「ふれたり口に出したりしてはならないとされているもの。禁忌。未開人の社会にみられるような、おかすことが禁じられている、神聖または不浄な事物・場所・行為・人・言葉の類。taboo(禁ぜられたの意のポリネシア語から出た英語)」という説明がつけられている(『岩波国語辞典』第二版)。こうした説明はどの辞書(英和、仏和その他)をみても大体同じである。これはしかし多分に西欧語化されたものであって、タブーという語がこうむった異文化(この場合、ヨーロッパ―イギリス文化)による誤解を端的に示すものであり、それ自身文化の翻訳における難題を例示せずにいない。フランツ・シュタイナーはタブーの研究に一書を捧げた(14)。現代人類学の方向の先見に満ちたこの書はもっと広く高く評価されてよいと思われるが、ここではタブーの解釈に関してシュタイナーの所論を手引きとして展望してみる。タブーは十八世紀末から十九世紀初めにかけてのヨーロッパ人によるポリネシア群島の探検を通して注目され西欧語の中へと輸入されたものである。タブーの理解をめぐるヨーロッパの探検家たちの示した試行錯誤はそれ自体すぐれた思想史上の問題となるものであるが、今日では右に引用した日本語の辞書にも記されているような意味は、元来ポリネシア語においてはどのような意味であったのであろうか。

タブーという語は本来「区切られる」という意味であったらしい。ta＝印をつける、と、bu＝強烈さ、を示す副詞の結合で、複合語 tabu は「はっきりと印をつけられた」という意味である。神聖とか禁止されるとかいった意味は単に派生的なものであって、もともとこのタブという語には含まれていなかった。タブという語には神聖と禁止とを分けて含むような概念の複合はみられない。神聖な物や場所は一般に誰でもそれが神聖であることを知り得るように特殊な方法で印をつけられていたからである。神聖と禁止との区別はポリネシア語では表わし得ないのである。だから、タブは「はっきりと印をつけられた」ことを意味するから、そうされているものに近づかないとか触れないとかということは状況次第であって、例えば政治的権威はいかに多くのタブをかけられるかどうかによっていた。つまり、人の政治的権威の尺度は彼が課すことのできるタブによって量られ、このタブは彼より上位の者によってだけ無効とされることができるものとされたわけである。無効とされることがなくなるだけ地位が上るということになる。これがタブの政治的機能のすべてであった。

このようなポリネシア語のタブは、ヨーロッパ人に解釈され、翻訳されることによって、ヨーロッパ文化による歪曲を(語本来の意味からみて)受けることになった。英語の「holy 神聖な」という語には現在では「禁止された」という意味は含まれていないが、これに近い意味のポリネシア語はなかった。前述したように禁止と神聖との区別はそこには存在していない。これに反して現代ヨーロッパ語ではポリネシア語のもつような意味の広がりを含む語は存在していない。そこでヨーロッパ人は彼らの言語認識において経験のないタブという言葉に接してその解釈に苦しみ、それが禁止と神聖の両方を意味することを発見してこの区別を導入することによって理解したのである。シュタイナーは、「一たびこの区別が発見されると、それはポリネシアの文化的イディオムのうちの二つのヨーロッパ語による翻訳の一方だけが適切な例として引き出されることによって伝えられることにもなる」といい、その結果意識の未分化を示唆するようなこじつけを行ない、ポリネシアのある地域では禁止だけがあって神聖の概念はまだないというような説明を導き出さずにいなかったのであるが、ポリネシア語においては「タブは単一の概念であって、『分化していない』概念なのではない」(15)のである。しかもタブという語がプロテスタントのキリスト教徒によって発見されたという事実がさらに独特の偏向をこの語に負わせることになった。シュタイナーはヘブライ語の分析をすることによりまた、

「タブーという語が聖書の翻訳の際に宣教師によって広く使われたことからもわかるように、キリスト教徒以外にこの語を使った例がない」(16)ことを併せ考え、ヨーロッパ語としてのタブーの意味的偏向の成立を示唆している。とくにこの語が輸入されたのがヴィクトリア朝時代のイギリス社会であったことは歴史的に大きな意味をもつものであって、それによってこの語が普遍的に位置づけられることにもなった。つまり、その思想的背景のみならず時代の強力な政治・経済的背景も手伝って今日に至るまで広範囲に使用される原因となった。タブーが「ヴィクトリア朝時代の発見」となった理由は二つあった。一つは宗教への合理的アプローチが盛んになり出した時期であったこと、他の一つは、ヴィクトリア朝社会が何よりもタブーに満ちた社会であったことである。前者ではタブーは呪術と並んで合理的な説明のつかないことの見本とされ、科学的客観的な宗教研究の格好の題材とされ、宗教的残滓の主要な範疇として位置づけられた。後者はヴィクトリア朝社会は史上でももっともタブー心のあるタブーに苦しめられた社会であったということである。そこでは「ズボン trousers」という言葉の替りに「いえないもの unmentionable」といういい方が好まれたといった社会的現象がみられたのである。こうした概念の移植にまつわる興味深い問題をここではこれ以上触れるわけにはゆかないが、いずれにせよ、ポリネシア語タブーが辿った歴史は、一つの文化の完全な誤読とその言語の誤訳の例として捉えられなくてはならない。そこには翻訳者の側の偏向が是正されることなく反映され、しかも誤訳が居直ってまかり通るという破廉恥な現象がみられるのである。タブーの解釈をめぐって行なわれた議論の検討は文化の翻訳のいやし難い困難を知らしめずにはいないものといってよいであろう。しかし、その反面、タブーの発見によってヨーロッパ語の世界はそれまで表現できなかったものを表現できることになり、その言語認識の世界と文化とはより豊かなものとなったといえるであろう。誤解することによって思想的な奥行の深さを学んだといってよいだろうか。

ところで、いま一つの例、英語の「belief」の場合は、シュタイナーが検討したようなタブーの誤解をめぐる思想史研究によるものではない。現代のもっとも鋭利な人類学者による問題提起に基づくものである。

ロドニー・ニーダムは一九七二年に出版した『信仰・言語・経験』(17)の中で興味深い検討を行なっている。ニーダムの問題は英語の belief という言葉と概念が本質的に他言語への翻訳が不可能なのではないかということを人類学的なレベルで追求することにある。ニーダムはまずスーダンのヌアー語の場合をとり上げてとくに聖書のヌアー語訳を検討して、ヌアー語には英語の "believe" に相当する語が少なくとも二つはあるが、その語が志向する神への信仰内容が明らかでないところから、英国人が "believe" という場合の内的状態に等質のものを見出すことはできないと指摘している。そして、英語の belief の概念に相当する言葉の比較検討を試みている(18)。

それによると、北米インディアンのナバホ人は英語の Belief(以下略してBとする)に相当する語は有していない。oodlá という語があるが、これは to-believe-something(undefined objects)の意であり、聖書の訳においては他の語と併用しないと単独では使えない。グアテマラのキッチ人は believe と obey を同じ語で表現する。メキシコのクイカラック人も同様である。believe と obey とを区別していない。フィリピンでは四つの方言、セブアノ、イロカーノ、パムパンゴ、タガログの諸語はいずれも belief と trust を表現するのに別々の語を用いる。しかもそれらは、㈠「人が真実を告げることを信ずる、事実または主張を信ずる」、㈡「ある人自身を信頼する、またはある人自身に信頼をおく」の二つの意味を示す場合にだけ用いられる。エチオピアのウドゥク人は「神を信ずる」ことは「神のことばを肉体に結びつける」ことだという。ペルーのシピボ人は、「神を信ずる」ことを「神に対して強くなる」ことだといい、シピボ人の近くに住むピーロ人は「従い、信ずる」を分けていない。メキシコのウィコル人にとっては「信ずる」ことは「真理を確める」ことである。またインドネシア語でBに相当するのは perchaya という語であるが、これは二つの意味をもつ。㈠何かが本当であると考えている状態、㈡何かが本当であると考えること、何かの真実を認めること、の二つである。

ニーダムの比較検討はヒンドゥー語や中国語にもおよんでいるが、その結果彼が引き出す問題は次の三点に集約される。すなわち、㈠英語のBが外国語に逐語的に翻訳されるとき、それらの語に与えられる意味の多様さは驚くばかりで当惑せずにはいないこと、㈡他の言語と比較する場合、その語に含まれるさまざまな意味の組合せの中から一つだけ特別の意味を引き離して捉え、それを英語Bの等質語として示すことは一見可能なようにみえても、それらの意味に対して英語による一つの解釈が根本的に異なるような言語もあって、翻訳に相当するとされた語のもつさまざまな含意の中の一つだけを決定的なものとしてとり上げることは不適当であること、㈢ヌアー人の場合にみられるように、英語のBに相当する言語概念がまったく存在しない言語があること、の三点である。この現代人類学の画期的な成果とも目されるべき研究において、ニーダムが到達する結論は文化の翻訳にとっていささか悲観的でありいささか否定的なものではあるが、ここに引用した検討から推量しうることからみても、翻訳の問題が人類学的認識の根幹に横たわる問題であることは理解される。しかも、この問題はそれに対する探求が深まってゆけばゆくほど果てしのない困難に人類学者を引きずり込まずにはいないのである。

英語Bは日本語では「信仰」と訳されるのが通常であるが、信仰は辞書では次のような意味をもつ語である。すなわち、「神・仏など、ある神聖なものを(またあるものを絶対視して)信じたっとぶこと。そのかたく信ずる心」(前記引用辞典)。

英語Bはオクスフォード英語辞典によると、「㈠人や物を信じる《トラスティング》ないしは確信する精神の活動、状態、あるいは習慣。……神を信ずること。㈡権威や確証にもとづいた言説ないしは主張に対する精神的な同意あるいはそれに対する受容。以前の用法ではとくに宗教を指す。現在ではしばしば意見や説得、直観……なども含む」とあって、一見内容は似ているようだがよく検討するならば、まったく異なるものであることがわかる。端的な例が、英語の belief には「神・仏を信ずる」などということは全然含まれていない。キリスト教の神《ゴッド》だけがあくまでも対象となっている語であることが解る。そこから派生的な意味が生れてくるのであって、ニーダムが指摘するように、英語Bの概念と意味の形成は、インドーヨーロッパ語の背景とユダヤ・ギリシア・キリストの諸宗教の観念と分ち難く結びついているのである。その点で日本語の「信仰」とは同等語ではありえないのである。

異文化に属する他者の観念世界の理解が如何に難しいものであるかは、ここにとり上げた二つの検討例をみても明らかである。問題は文学や詩だけに限られるものではない。

4

そこで問題を別の角度からみると、異文化理解に際してまず考えられることは、対象とする異文化世界との「距離」が遠ければ遠いほど、そこに生ずる理解の困難もまた増大せずにはいないということである。この場合、「距離」は必ずしも空間・時間の制約を受けるものだけではなく、心理的また形態的なものも含まれている。人類学的な認識世界というものが成立してくる上で近代「西欧」世界と「未開」社会との間の距離は、この点でもっとも遠いものであった。「中心」と「周辺」との距離は、さまざまな歴史のレベルにおいても当然みられたわけであるが、「少なくとも一八世紀以来、われわれは、現実を納得のいくように表現するにはいくつかの方法があるということ、論理的思考が唯一の思考方法ではなく、瞑想による、また想像による思考にもその場があるということを忘れたがってきている」[19]近代西欧社会と「周辺」未開社会との間の場合が、特殊な「距離」関係を保ってきたことは事実である。そこでは人類学者は特殊な思想的課題を背負わされていた。それは、逆説的にいうならば西欧人にとって果して未開人の観念世界が了解可能であろうかという問であった。

これまでのところ人類学者による非西欧世界の、とくに未開人の観念世界をとらえる方法は大別して二つあった。一つは、「原始心性」説であり、他の一つは、「ヤコブのはしご」説であった[20]。前者は、レヴィ＝ブリュルによって有名になった説であったが、簡単にいうならば「原始人」は事物を誤認することを特徴としており、偶発的な錯誤を繰り返すというよりもそれは全体的な混乱を原始人の観念体系そのものが示しているのであると主張するもので、今日では悪名高い「前論理」説である。この説は、近代文明社会の深層においてはまだ決して消滅していない。

後者は、こうした「前論理」的世界との断絶を主張するものではないが、いわゆる「進化」説であって、未開人も近代文明人も同じはしごに登ってはいるのであるが、両者の間はまだ大変開いているので、彼らの信ずることは、その論理的原理の応用においては変わらないはずなのであるが、あまりに未熟なものであるのでほとんど誤った応用しかみられないとする説である。この説も、現代社会の「常識」の内部に頑強に巣喰うものであるといってよいであろう。

この二つの見方は、理論上は異なる地平で現われたとはいえ、その本質的特徴において同じものである。その特徴は一言でいうならば、自民族中心主義《エスノセントリズム》(この場合、近代西欧中心主義)ということに他ならない。すなわち、悪は常に未開にある。正解はいつも西欧世界の了解にあり、未開人は間違ってばかりいるのである[21]。

こうした見方は決して「克服された」わけではないと思われるのであるが、現代の人類学者はさすがにそのような「常識」を認めてはいない。一九五〇年代の後半になって、ゴッドフリー・リーンハートは明解に次の如く断言した。すなわち、「未開社会を研究しているわれわれの中には、今日、未開民族に特有の思考様式があるというようなことを言う者はいない。むしろわれわれの方が現実に対する特殊な捉え方を発達させたというべきであろう」。「われわれ自身の思考様式こそ、新しく形成され、異常なものである」[22]。このようにいって近代社会を位置づけたあと、リーンハートは未開人の思考様式の理解のあり方について説明する。つまり、「はるかかなたに住んでいる部族の人びとがいかに考えるかということを、他人に説明することは、翻訳の問題である。それはまた、原始的思考が、未開人の言語の中に——原始的思考は、事実、彼らの言語の中に活動している——持っている論理的一貫性を、われわれの言語によってできるだけ明らかにすることであるように思われる。こういう翻訳には、単語の簡単な訳語の載っている小さい辞書は役に立たない」[23]。それで人類学者が直面する困難は次のようなことに集約される。例えば、ある未開民族が、ペリカンは自分の異母(異父)兄弟である、といっていると註釈なしに記述するとしたら、近代社会の読者はそれをナンセンスかおとぎ話だととるであろう。言葉通りにとれば到底そうとしか思えないからである。しかし、人類学者の調査記録によれば、こうした表現が大いに未開社会では通用していることが解る。だが、それが解っても理解にはならない。自分たちを鳥や動物と関連づける人びとにおいては、両者の連想はあたりまえのことである。そこではそういうことが可能とされているばかりか論理的に当り前なのである。しかし、どういう意味でそれが可能であるかということについては、単純な逐語訳からはわからない。人間とペリカンの血縁関係といったことを英語で(あるいは日本語で)理解するには、われわれが考えているような人間と人間でないものとの関係とは全く違った捉え方について綿密に説明しなくてはならないからである。ペリカンは異母(異父)兄弟であるという人びとの、人間と人間以外のものとの関係を捉える仕方は、近代社会における捉え方と較べて決して論理性に乏しいわけではないからである。ではどうして理解が困難になるのであろうか。

リーンハートは次の点を注意する。すなわち、「未開社会の思考を理解するために、われわれの言葉や範疇をそのまま変えずに用いて、その思考を、われわれの言葉や範疇に無理に含めようとする時には、わかるように思われた意味も、次第に失われ始める」(24)。そして、さらに別の例を示して説明する。スーダンのディンカ人は、ある種の人間はライオンに変身すること、またライオンは人間のかたちでも存在することを当然のこととして話す。このように訳すと、文章は奇妙でいかにも迷信的にみえる。それというのも、近代社会では、人間とライオンとを必ず二つの異なった存在として考えるからである。これが同じものの二つの可能な見方を表わすとは、すぐにはわからない。近代文明人にとって、ある生物が「本当は」人間なのか、あるいは「本当は」ライオンであるのか、という疑問が生れないのは、一つの生物が同時に二つ以上のかたちをとって存在するということを、近代文明人は普通考えないからである。だが、スーダンではこういう考え方が明らかに存在している。ある種の人間は何らかの動物でもあると考えられているのである。

スーダンの諸地域で信じられ話されているこうした人間とライオンの同一視をとり上げるとき、近代社会では、その表現を隠喩《メタファー》として翻訳しがちであって、またいったいなぜこのような「混同」(というように思いたいのが現代文明人である)が起きるのか、その理由を尋ねがちである。だが、そういうディンカ人自身は決して人間と動物とを混同したりはしないのである。ただ、彼らは近代社会におけるあらゆる人間をあらゆるライオンから区別しないだけのことである。つまり、彼らは動物の性質と人間の性質は同じ生物に共存することもありうるということを考えているのであって、経験を分類する判断と認識が異なるだけにしかすぎないのである[25]。

リーンハートが例示し説明するこのような問題は、決して単なる表現の遊びによるものではない。そうした表現の背後には経験があり、現実の認識が存在している。それは「少なくとも明らかに自己矛盾に陥っていない経験を再現するもの」[26]なのである。

リーンハートのこうした説明は、レヴィ＝ブリュルのよく知られる解釈と較べれば、その理解態度においてまったく対照的なものであることがわかる[27]。確かに、近年になってようやく人類の(「人間の」ではない)すべての社会・文化に共通する論理性として特徴づけられるような、ある種の基本的な思考の様式が存在することが確認されはじめてはきている。その結果、考えられていたよりも未開人ははるかに合理的であり、文明人はそれほど合理的とはいえないようになった。

人類学者はフィールドにおいて自らの言語認識においては「奇妙な」論理的整合性をもたない表現に出会っても、それを相手の誤謬であると断定することはまず避けるようになった。だから、そういう相手が明らかに固く信じている主張に直面したときには、その信仰の背後に存在する事物の捉え方を剔き出しにすることを試みる。事物の捉え方自体は非合理的であるかもしれないが、それから考えを進めてゆく過程は決して非論理的であるとはいえないからである。ある特定の一つのものにおいて明らかに異なった複数の事物の同一性を見出すことは、すべての面で互いに異なった事物どうしを混同することを意味しない。

5

レイモンド・ファースはリーンハートの紹介した「ある種の人間はライオンである」というディンカ人の固く信ずる主張をとり上げて、この「は」(つまり「=」《イコール》)に表示される同一性《アイデンティティ》の概念は複合的《コムプレックス》でありうるし、かなりの幅の適合可能性をもつものであろうと指摘した[28]。ファースによれば、この同一性に関しては主として二つの面が指摘できる。一つは、同一性がすべての特徴にわたって共通にみられることを意味する場合。つまり、所与の分類基準からすれば、すべて人間は、ホモ・サピエンスという種の成員にみられるどんな特質をも共有する点で同一性をもつものといえる。それはどんなライオンもフェーリス・レオという種の成員に共通してみられる特徴をもつ点で同一性をもつことと同じである。

だが、いま一つ別の面もある。つまり、同一性は必ずしも全部の特徴を共有しなくても成立するということである。いくつかの(あるいは一つでも)特徴が同じならば同一性をもつものとされることはある。人類全般においてホモ・サピエンスの同一性は種としてのその基準からすれば成立するものであっても、その基準以外の点では、個々人はすべて異なるものであり、十人十色的な違いを特徴としている(個々のライオンも同じである)。だから、同一性という概念を一つの特徴を共有するという点に求めれば、例えばそれを自然的物質的な特徴に求めるならば、人間とライオンは、哺乳動物として同一性をもち、女性が乳を飲ませて子供を育てる点でも共通した特徴をもっている。さらに、非物質的な特徴においても、両者は必ずしも一致しないわけではない。例えば、よく使われるいい方に、「あの男は獅子の心をもっている」とか「あの男は戦さにおいて獅子そのものだった」といった表現があるが、こういう表現によっていかなる分析的な同一性が理解されるわけのものでもないにしても、一般的にいって、勇気とか勇敢さというものがライオン(獅子)と同一性をもつものとされているわけであり、それが抽象的な特徴であっても、文化によっては伝統的にライオンの特性とされてきたものなのである。ライオンと人間という二つの事象は、そこでは非物質的な特性によって結びつけられているが、これはメタホリカルなレベルの問題である。だが、このような例をみてもわかるように、事物の理解における同一性と分離性とは抽象のレベル、またコンテキストのレベルにおける特定の特徴の決定基準の問題に結局帰することができる。

だが、それだけでは何が解決したということにはならない。問題はもっと深く追求されなければならない。人類学者の手続は、特定の特徴の決定基準が問題であるというだけではすまされない。ではどういう解決の方法があるのだろうか。

現代の人類学者がフィールドで出会った「相手」の「奇異な」認識の仕方とその表現の謎を解く問題の例としてよく知られるのは、エヴァンス＝プリチャードがヌアー人の宗教研究において出会った難問である。ヌアー人のシンボリズムを理解しようと試みているときに彼らが「双生児は鳥である」と固く主張するのに接したとき、エヴァンス＝プリチャードがそれを理解するためにとった方法は、その表現の背後に存在する事物の捉え方を把握することであった。双生児は一人の人間であって、しかも彼らは鳥であるという表現をとり上げてエヴァンス＝プリチャードは、「彼らが『双生児は二人の人間でない、彼らは一人の人間だ』という場合、彼らヌアー人は双生児が一人の個人であり、だから単一の人格をもっているのだといっているのではない。ヌアー人が双生児の単一性をいうときには彼らはranという語だけを用いるがそれは英語の“person”のように性や年齢やその他個人の特徴となるものは一切定めない語である。彼らは、同じ性をもつ双生児は一人の dhol 少年、ないし nyal 少女なのだといおうとしているのではなく、双生児の性の如何にかかわりなく、彼らは一人の ran 人間であるといおうとしているのである。双生児の単一の社会的人格は彼らの身性的な二元性を越えたところにあるものなのである」(29)と説明する。だが、彼らが一人であるという主張は決して日常的なレベルにおいてなされるわけではない。日常の社会生活においては、双生児は二つの完全に区別された個人として複数形をもって語られるのである。この同一視が行なわれるのは、ある種の儀礼においてであり、とくに婚姻と死の儀礼がそれを示す。双生児のいずれか一方が結婚するときは他方も同じ役割を儀礼において行なわなくてはならないし、女性である場合には同じ日に結婚しなくてはならない。また双生児の葬式というものはない。一方が死に他方が生きていることはあってはならないことだからである。双生児は近親の葬式にも出てはならないばかりか、その死を悲しんでもならない。その理由は、双生児は空または上の人間(ran nhial)であるからである。双生児は神の子(gaat kwoth)ともいわれている。

エヴァンス＝プリチャードは、この最後の二点、つまり双生児が空または上の人間であり神の子であるという点は多くの民族においてみられる点だが、「双生児は人間(ran)ではなく、鳥(dit)である」、また「双生児は一人の人間(ran)である」というのはヌアー人特有の主張であると指摘し、このドグマはさまざまな仕方で表現されているといっている。この場合、ヌアー人は ran という語を他の生き物から区別される人間という意味で用いている。双生児はしばしばホロホロ鳥とかコモンシャコなどの固有名でもよばれる。ヌアー人は鳥や卵を食べることを恥とみなしており、とくに双生児にとって鳥を食べることは絶対避けなくてはならぬことである。双生児は鳥に敬意をいだくが、それは鳥もまた双生児に他ならないからである。この双生児と鳥の同一視は死に際して明らかに示される。双生児の赤児が死ぬと、ヌアー人は「彼は飛び去った」という。この場合、飛び去る(ce par)は普通鳥に用いられる言葉である。双生児は幼児のまま死ぬことが多いが、一般の幼児の場合と異なって、ヨシのカゴに入れるか穀物をより分けるカゴに入れて、木のふたまたのところに置く。というのも、鳥は木の上で休むからである。死肉を食いものにする鳥は肉体を苦しめることはなく、彼らの死んだ血縁者の面倒をみると考えられている。鳥と双生児とは血縁者であり、飛び去るものである。成人した双生児が死んだ場合には、置台が作られ墓の上におかれその下に死体が隠される。死体には土がかけられるが、それはハイエナが双生児の死肉をあさった後、池で水を飲むと、その水を後で飲む人間はみな死ぬと考えられているからであり、「双生児は鳥であって、彼らの魂は飛び去る」と考えられているからである。

さて、こうした双生児と鳥との類似性を考えるときに、鳥が多くの卵をうむ事実と双生児が人間として複数の誕生をもつこととの間の結びつきは容易に指摘できる。ヌアー人はその点でワニと亀もまた双生児にとって食べてはならないものだとする。両者ともに卵をうむからである。しかし、それならば一体どうして鳥だけが双生児と同一視されるのかという問題がのこる。単なる類似性の問題なら人間と似た動物は他にもいるはずである。単に卵をうむことだけだったならば、ワニも亀も同じであるが、これらの動物は決して同一視されていない。卵の問題は明らかに二次的なものであって、ワニや亀の場合、卵をうむことが鳥と似ているからこそ食べてはならないものとされるのである。それは双生児イコール鳥であるという主張を側面から強化するものに他ならない。

だから、問題はより広いヌアー人の宗教的思考の中において捉えることが必要となってくる。双生児は、その特異な観念的性質からいって、精霊《スピリット》そのものではないが、特別の被造物であり、それ故、精霊の表示であると考えられている。双生児が死ぬと、その魂は天に上ってゆくが、それは精霊と結びつくものだけが属するところである。双生児は、ran nhial つまり「上の人」であり、それに反して一般の人間は ran piuy「下の人」である。鳥はそれ自体精霊ではないが、その天性の性質からして「上」に属するものであり、ヌアー人がよぶところではやはり ran nhial「上の人」(ran という語をメタホリカルに用いている)である。そしてこのような存在として精霊と結びつけられているのである。

この点からみて、双生児は鳥であるから上の人であるとか、上の人であるから鳥なのだという決めつけを行なうわけにはゆかないが、ヌアー人の思考において双生児と鳥とを結びつける仕方は、単に卵との類比における複数の誕生によるものでないことは確かである。さらに、双生児も鳥もヌアー人によって、gaat kwoth 神の子として分類されていることを知ると、問題はより明らかになる。鳥は神の子であるが、それは彼らが天を飛ぶからであり、双生児が天に属するのはその受胎と誕生の仕方によって彼らが神の子であるからである。

エヴァンス＝プリチャードは、このように解読作業を行なった後で、次のように「双生児＝鳥」問題を解明する(30)。すなわち、ヨーロッパ人にとって、双生児が鳥であるとあたかも明瞭な事実であるかのようにヌアー人がいうのをきくと、まことに異様な感じがするが、というのもヌアー人は双生児は鳥のようだといっているのではなく、鳥であるといっているからである。この表現には一見完全な矛盾があるようにみえる。レヴィ＝ブリュルが「前論理」論を組立てたのもこの種の矛盾的表現によってであった。レヴィ＝ブリュルは一つのものが同時にまったく別のものであるといった明らかな矛盾を含む表現を理解することができなかった。しかるに、この表現にはいかなる矛盾も事実上含まれていないのである。というよりも、それは逆に大変注意深い表現なのであって、ヌアー語を自分の表現語として理解しまたその宗教的思考のシステムを理解しているものにとっては、真実である以外にないのである。この表現はそのまま受けとられるべきものであって、ヌアー人は決して双生児が羽をもっていたりくちばしをもっているといっているわけではない。日常的レベルにおいては別に双生児が鳥であるといっているわけではない。ヌアー人は双生児を男であり女であるあるがままのものとして取り扱っているだけである。だが、それに加えて、彼らは双生児の生れであって、この生れは精霊の特別の啓示なのである。ヌアー人は双生児のこの特別の性質を「双生児は鳥である」という形で表現するのであり、何故ならば、双生児と鳥とは理由は異なるけれども精霊と結びついており、このことが双生児をして、鳥と同じく、「上の人」と「神の子」にしているのであって、そのために鳥は双生児が神に対してもつ特別の関係を表現するのに適したシンボルとなるのである。だから、ヌアー人が双生児が鳥であるというとき、彼らはその両方を具体的な形で指していっているのではない。彼らは双生児のアニマについて語っており、彼らはそれを tie とよぶが、この概念はわれわれが人格と魂とよんでいるものの両方を含んでいるものである。ヌアー人はここで鳥が精霊の属する領域に入ってゆく能力を通して精霊と結びついていることをメタファーとして語っているのである。

そこからみて、「双生児=鳥」という公式は、双生児と鳥との対組関係を表現するものではなく、双生児と鳥と神との三つ組の関係を表現するものなのである。神に対する関係において双生児と鳥とは同じ性質をもつものと考えられているのである。

6

「双生児は鳥である」という表現の問題はこれに尽きるものではない。双生児—神—鳥という三つ組のものの関係がその表現の背景にあり、それはとりも直さずヌアー人の宗教的思考の枠組において意味をもつものに他ならず、その枠組の理解なくしてこの表現の理解もないことをエヴァンス=プリチャードは示唆しているが、この表現の完全なる理解のためにはまだまだなされなければならない問題が残されている。第一にヌアー人の神とは一体何なのかが明らかにされなければならないし(31)、さらに基本的には宗教がその文化でいかなる位置を占め、どう全体文化とかかわりをもつものなのか明らかにされる必要がある。それはまさにエヴァンス＝プリチャードがその宗教だけで三百頁以上を費さなければならなかったことが象徴している。だが、一つの表現はあくまでもその表現自体が独立しているのであって、それはそのまま本来理解されるべきものである。その背景やその関連すべてを説明してはじめて納得することは可能であっても、いかにもそれは理屈上のことであって、その理解はそれに接したヌアー人が直ちに了解するところのものと同じであるといってよいかどうか常に疑問は残る。この問題に関してはエヴァンス＝プリチャード自身がヌアー人の宗教理解における別の問題について述べている。ワニが精霊であるというヌアー人の表現にまつわる理解の困難を指摘しつつ、彼は次のようにいう。

「観察できる何か――つまりワニ――が観察できないこの何か――つまり精霊――よりも以上のものであるという主張について論ずることは困難であるから、事物が、主語的ことばと述語的ことばの二つがある観察できる現象にあてはめられるときに、それらが実際あるべきものよりも以上の何かであるというヌアー人の二つの表現についてまず考えてみることは役に立つ。

キュウリが供犠用に使われるとき、ヌアー人はそれを雄牛であるという。そういうときにヌアー人はキュウリが雄牛の替わりとなるということだけでなく、それ以上の何かについて語っている。

もちろん、彼らはキュウリが雄牛であるといっているわけではなく、供犠の場においてある一本のキュウリを雄牛であるということによって、その場においてキュウリが雄牛と思われてもよいということを示しているにすぎない。そのために、彼らは、犠牲が雄牛である場合に行なわれるのとできるかぎり同じような犠牲の儀礼を行なうのである。この類似は、概念的なものであって認識的なものではない。この場合の〝は〟は質的な類似性に基づくものである。しかも、この表現は一方に偏する非整合的なものである。というのも、キュウリは雄牛であるが、雄牛はキュウリではないからである」(32)。

ここで説明されていることは、結局のところ、いかに論理的にヌアー人の表現構造を捉えようと試みたところで、いつもこの「何か」は第三者の理解の外にのこされるということである。

ではこの「のこされる」ものとは何なのだろうか。

しかし、論を急ぐ前に、ヌアー人の「双生児＝鳥」に関する理解にいま一つ別の明解な方法があることに触れる必要がある。レヴィ＝ストロースはヌアー人のこの問題に関して次のような解釈を示している(33)。すなわち、レヴィ＝ストロースの整理に従って述べてゆくと、双生児を特徴づけるために、ヌアー人は一見したところ矛盾としか思えないような表現をとる。一方、彼らは双生児は「一人の人間(ran)」であるといい、他方では双生児は「人間(ran)」ではなく「鳥(dit)」であるという。こうした表現を正しく解釈するためには、そこに含まれる理由づけを一歩一歩直視してゆかなければならない。双生児は第一に「神の子(gaat kwoth)」であり、天空が神々の領域であるところから彼らはまた「上の人」とよばれている。このコンテキストにおいて、「下の人」である一般の人間と彼らは対立させられる。鳥はそれ自身が「上のもの」であるから、双生児はそれと同化させられている。

しかしながら、双生児は人間としてとどまっている。彼らは「上のもの」ではあるが、相対的にいって「下のもの」である。だが、この同じ特徴は鳥にも当てはまる。というのも、鳥の中でもある種の鳥は他の鳥と較べてあまり高くもうまくも飛べないからである。だから、鳥は一般的には「上のもの」ではあっても、上と下とに分けることは可能である。そこで、どうして双生児が「地上の」鳥の、つまりホロホロ鳥とかコモンシャコとかの、名前でよばれるのか理解できる。双生児と鳥との間に示される関係は、それゆえ、レヴィ＝ブルュルの流儀による融即の原理によっても、マリノフスキーの実益論によっても、ファースやフォーテスの知覚上の類似による直観説によっても、説明できない。ここでわれわれが直面しているのは、知的関係を統合している一連の論理的結合関係なのである。「双生児は鳥である」、それは両者が混同されているわけでも、両者が似ているわけでもない。その理由は、双生児は、他の人間との関係において、「下の人」に対する「上の人」であり、鳥との関係においては「上の鳥」に対する「下の鳥」であるということにある。それゆえ、双生児は鳥がそうであるように超越的な霊と人間との間を仲介する位置を占めるものなのである。

レヴィ＝ストロースはこのように分析したあとで、双生児と鳥との間にヌアー人が見出した特殊な関係はそれだけに限られるものではなく、ブリティッシュ・コロンビアのクワキウトル人が双生児と鮭との間に見出したものと同様に、この種の類推関係は人間と動物との間に見出されるすべての関係に応用できるものであると指摘している。この指摘はファースがティコピア人の場合の例をあげて反論しているように(34)、必ずしも民族誌的事実のすべてに応用できるものとはいえないが、人間と動物との関係を中軸とする文化構造の解明には役立つ推論であることは、彼のトーテミズムの解明が示すとおりである。

しかし、レヴィ＝ストロースの「双生児＝鳥」論の構造的解明の手際がいかに見事であっても、問題は依然としてのこる。かりに双生児と鳥との上下関係の二重構造的解釈は一応納得できるとしても、それはあくまでもそうした表現の背後にある論理が理解できたということであって、表現そのものに含まれる何かが了解されたということにならないのではないだろうか。換言すれば、こうした論理的解明はどこまでもそれによって満足することができる論理的欲求をもったものにとってのみ意味をもつものでしかないのではなかろうか。ヌアー人が果してそのような「解釈」をもってそういう表現を行なっているのであろうか。その点、エヴァンス＝プリチャードは、レヴィ＝ストロースの下すような明晰な解釈は下していない。彼は「双生児＝鳥」説の意味上の背景をヌアー人の宗教的思考の中に辿ってゆくが、それが構造的に割り切れるとは示唆していない。彼はこの表現がメタホリカルなものであるといっているだけである。それが論理的位置づけをもって全的に理解できるかどうか疑わしいことは、彼が「双生児＝鳥」問題を示す前に触れている「キュウリ＝雄牛」問題における留保をみれば明らかである。

観察レベルにおいて容易には整合的な説明をえられないような表現の提示に出会った場合、それがどの面からみても当該文化のコンテキストにおいて「まともに」なされたものである以上、その説明は何らかの形でえられなくてはならないものであるというのが、観察者である人類学者の前提とする条件である。その点でもっとも忠実な民族誌学者であるエヴァンス＝プリチャードは納得のゆく説明を求めて、その表現がなされるコンテキストを克明に辿ってゆき、熟達した観察によってその意味を明らかにしようとする。しかし、何かが常に理解の外にのこされる。

エヴァンス＝プリチャードは、われわれにとって容易には了解の困難な、あるものがあるもの以外の何かであるという表現を、事実を述べた表現として受けとってはならないということがすぐには呑み込めない理由は、その表現には第三のものとの関係が隠されてあってそれはそこには示されてはいないが理解はされているものなのである、ということが認識されていないことによるのである、と指摘する(35)。ヌアー人に関するかぎり、そうした表現はAはBであるということを示すものではなくて、AとBとはCとの関係において共通のものをもっていることを示すものなのである。キュウリは神に対して雄牛と同等物なのであり、神は雄牛の替わりにキュウリを受けとるのである。結果として、ヌアー人は現実の事物関係と観念上のそれとを混同しているわけではないが、観念上の等質物はそれにもかかわらず彼らにとっては真実を意味する。というのも、彼らの宗教的思考の体系内においては、事物は決してあるがままのものとしてあるのではなく、常に神との関係において捉えられているものであるからである。

このように理解した場合、否応なく思考のイマジネーションのレベルにおける経験という問題に直面せざるをえない。そのレベルにおいては人間の心は形姿やシンボルやメタファーやアナロジーの中に動いており、空想と詩的言語の洗練に到達する。これまで未開人の表現に関してどうして誤解ばかりが行なわれてきたかということの理由のもう一つは、未開人の詩的感覚についてほとんどまともにとり上げられた試しがないことにある。だから、彼らのいうことは常に一般的かつ日常的な意味ばかりに解釈されて、詩的意味として捉えられたことはなかったのである。

しかるに、実際には彼らの詩や唄には彼らのことばとイメージにおける遊びが如実に示されており、その程度の高さはヌアー人のコメントなしにそれを翻訳することは不可能であり、またヌアー人自身がそれらを創った人々がこめた意味について語ることが困難なほどなのである。具体的で視覚的な芸術を欠いている替わりに、この感受性に富んだ人々のイマジネーションは観念やイメージやことばにその豊かな表現を見出しているのである(36)。

さて、ここに至って、異文化における表現を理解するに際して、二つの解明の方法が必ずしも対立的というのではないが存在することが明らかとなった。レヴィ＝ストロースに代表される構造理解の方法とエヴァンス＝プリチャードがここで示しているメタファーや詩的意味の理解(それはコンテキストを辿ってゆく方法を用いるものではあるが)である。前者の場合には、論理—構造の発見が異文化理解を完了する。後者はそれに反して論理—構造では捉えられず外れてしまうものに問題をのこす。そこには常に理解の外に何かがのこされているが、その何かは客観的な論理では捉えることはできないものであることを示唆する。そこではいわば直観だけが(もちろん、その文化的コンテキストをよく知った上での)その理解を可能にするといってよいであろうか。

G・B・ミルナーは、この二つを知的と直観的という形で捉えようとしているが、彼がこの問題の検討(彼自身のサモア文化における事例も含めて)から導き出した結論は次のようなものであった。

「われわれが神話によってあるいは親族組織によって生きていようがいまいが、すなわち問題なのはわれわれが構造の上に理解的支配力を振っているのではなく、『構造がわれわれの上に理解的支配力を振っている』のである。例えば、英語の生成文法は、英語でかく詩人にとって、レヴィ＝ストロースの双生児と鳥の図解がヌアー人にとってよりも、また私の刺青と子供の誕生の図解がサモア人にとってよりも、必要でなく意味がないものなのである。これらはすべてその直観的データによる美学的なチャネルの上に安全に存在しているのである。

しかし、当該文化の外にあって意味の氷山の一角を理解することで妥協せざるをえないわれわれにとっては、知的データは、ベルグソンがいった如く、中心に位置し、直観的データは周辺に位置するものとなろう」[37]。

しかし、文化の翻訳者たるべく一度踏み出した者にとってこの結論は決して満足すべきものではないであろう。知的と直観的、構造とメタファー、こうした二元対立がある限り文化の翻訳は達成されえない。知的な理解に充足を見出すことはそれ自体が一つの文化の偏向を体現することに他ならず、そこでは他者はすでに意識において除外されたものとして存在するのである。それは常に「切捨て」の前提に立っている。「のこされるもの」の理解は科学ではないということになろうか。

しかし、そうした理解は、いわば人間を理解するのに、個体の構造の理解をもって個人を理解したという類のすげ替えの論理にはならないだろうか。血も肉もない骨格だけによる普遍化一般化は容易である。しかし、それだけが解ったといって一体人間の文化の理解において何が解ったといえるのであろうか。

極端なことをいえば、個人を理解するためには、その個人ととことんまで付き合うことによって相互理解のコレスポンダンス(交感)がついに瞬時においても成立するところまでゆかなければならないであろう。人類学者にとってこのコレスポンダンスの瞬時とは、己の文化の偏向から解放され、エスノセントリズムの絆から解かれて、他者と一瞬相まみえるそのときのことをいうのだろうか。そのとき、文化の差異が解消して、真の意味が立ち現われてくるのだろうか。数量と構造による客観的理解という神話がいかに傲慢と偏見とを土台として築かれた害毒的なものであることかに思いが至るのはそのときなのだろうか。

文化の翻訳は本質的にブリコラージュ(手づくり仕事)であって、人間と文化の理解の方法が結局のところそれに帰着せざるをえないということの事実こそ本質的なアイロニーを現代文明に対して提示するものといってよいのである。

(1) エヴァンス＝プリチャードはかつて「人類学者は、自分の文化の、概念上のカテゴリーや価値観によって、また人類学の全般的な知識によって、未開人の生活体験を、批判的に捉え、これに解釈を加えていくのです。言いかえますと、人類学者は、一つの文化を別の文化に翻訳するわけです」と語っている(「社会人類学——過去と現在」吉田禎吾訳『人類学入門』弘文堂、一九七一年、二二頁)。彼のオクスフォード大学社会人類学教授退官を記念する論文集の一つが *Translation of Culture*, T. O. Beidelman (ed.), Tavistock, 1971 というタイトルにまとめられているのは故なしとしない。

(2) 「ブンと形式——タイ仏教理解の試み」『アジア経済』アジア経済研究所、一九七四年七月号。「タイ仏教儀礼の分類」『民族学研究』日本民族学会、一九七四年度第四号。

(3) E. R. Leach, "Ourselves and the others," *TLS*, July 6, 1973. なおリーチのこのエッセイに関しては本書所収の「文化翻訳者の使命」を参照されたい。

(4) 例えば C. R. Hallpike, "Problemes in crosscultural comparison," in T. O. Beidelman (ed.), *Translation of Culture*, Tavistock, 1971 は、エール大学でマードックが企て作製したH・R・A・Fなどに代表される「通文化的比較」の難点を次のように指摘している。「統計学的な形による通文化的研究調査の基本的な誤謬は、……社会的現実というものが意味あるものとして二つの変数の間に分解されるものであることが疑わしいところにある。統計学的意味と実質的な意味との間には重要なちがいがあるというだけでなく、もっと基本的にいって、社会はいつも過程的なものであって、そこに働く規範体系においては無数の変数を含む非常に複雑な相互作用が行なわれているのであり、ある種の社会現象を取り扱うときには方程式を立てることは可能であるが、より一般的にはよく訓練された観察者による特定現象の集中的な調査による以外に方法はないのである」(p. 138)。

(5) C. O. Frake, "The ethnographic study of cognitive systems," in S. A. Tylor (ed.), *Cognitive Anthropology*, Holt, Reinhart and Winston, Inc., N. Y., 1969, pp. 28-41. フレークは「ものにことばをあたえることの替わりに〝もの〟にことばをつけることを発見することを」民族誌学者の仕事として提起している(p. 28)。

(6) 一九二〇年代以後のウィトゲンシュタイン的な言語哲学的問題の展開とエヴァンス＝プリチャードなどの人類学的異文化理解の問題とには、ある同時代的並行性があり、現代思想の発展の問題として興味深い思想史的課題を示すものである。

(7) George Steiner, "Linguistics and literature," in Noel Minnis (ed.), *Linguistics at large*, Paladin, 1973, p. 130.

(8) 「翻訳者の使命」川村二郎訳『ボードレール』ベンヤミン著作集6、晶文社、一九七〇年、一三八―一三九頁。このエッセイの「解説」において訳者の川村二郎氏は、批評の理想について「自己と異質な他者のうちに変身しつつ、しかもその異質性を見さだめ、この矛盾した作業によって自己でもない他者でもない、その双方を超えた場にある普遍的な本質を捉えること。これこそ翻訳の奥義でもあるとともに批評の奥義でもあるにちがいない」と記している。この文章は私に直ちに「われわれ自身から逸脱せずに、しかも、同時にわれわれのものでもあり他者のものでもある活動の諸形態」、この探求こそ人類学の課題であり、「他者のもっとも異質な様相へ、それがあたかももう一つのわれわれ自身であるかのごとくわれわれが逃れてゆかれる」「客観的自己と主観化された他者とのコミュニケーション」の探究こそ人類学者の努めである、というクロード・レヴィ＝ストロースの指摘を想起させずにいない（レヴィ＝ストロース「マルセル・モースの業績解題」清水昭俊ほか訳『マルセル・モースの世界』みすず書房、一九七四年、二二八—二二九頁）。もっともこの所説が彼自身によって実現されているとはいい難い。

（9） G. Steiner, *op. cit.*, p. 134.

（10） E. R. Leach, "Linguistic and anthropology," in Noel Minnis (ed.), *Linguistics at large*, Paladin, 1973, p. 143.

（11） エドワード・ホールなどの試みはあくまでも粗雑な外形論にしかすぎない。この問題はいずれ別に取り上げたい。

（12） 井筒俊彦『意味の構造』牧野信也訳、新泉社、一九六八年、六頁。

（13） 彼はドイツの言語学者バイスゲルバーの立場に立っている。同右、一〇頁。

（14） Franz Steiner, *Taboo*, Penguin, 1967. 井上兼行訳『タブー』せりか書房、一九七〇年。以下の所論はこの書に負っている。

（15） *Ibid.*, p. 24. 邦訳、四四頁。

（16） *Ibid.*, p. 34.

（17） R. Needham, *Belief, Language, Experience*, Basil Blackwell, 1972.

（18） 以下の記述は *ibid.*, pp. 32-39 に負っている。

（19） ゴッドフリー・リーンハート「未開人の思考様式」エヴァンス＝プリチャードほか著、吉田禎吾訳『人類学入門』弘文堂、一九七一年、一六四頁。

（20） この整理はアーネスト・ゲルナーのパイオニア的論文に負っている。ゲルナーの所論と私の方向とは決して同じでなく、かなり別のものになってゆかざるをえないのであるが、機能主義的な異文化理解の限界については彼の批判は正確であり、この論文は今日ますます意味を帯びてきているものと考えている。ここでは次の論文を参照。E. Gellner, "Concept and society," in B. Wilson (ed.), *Rationality*, pp. 18–49, Basil Blackwell, Oxford, p. 29.

(21) primitive 未開ということばがその語自体においてすでに誤謬を犯すものである。人類学者は未開人が誤って認識しているものを「正しく」理解しようとする。誤解を解いてやるのがその任務なのであった。

(22) リーンハート、前掲訳書、一六三頁。

(23) 同右、一六六頁。

(24) 同右、一六七頁。

(25) 同右、一六八頁。

(26) 同右、一六八頁。

(27) レヴィ＝ブリュルはオーストラリア原住民の一部族で、「太陽は白いオウムである」といわれていることを知ったとき、矛盾というものにまったく無関心で平気な態度に出会ったと判断し、未開人の「前論理」性を信じたのである。L. Lévy-Bruhl, *Les fonctions mentales dans les sociétés inférieures*, 1910. 山田吉彦訳『未開社会の思惟』岩波文庫、一九五三年、参照。

(28) R. Firth, "Twins, birds and vegetables: problems of identification in primitive religious thought," *Man* (*N. S.*) 1, pp. 2-3.

(29) E. E. Evans-Pritchard, *The Nuer Religion*, Oxford, 1957, p. 128. 以下の説明は、pp. 129–130.

(30) *Ibid.*, pp. 131–132.

(31) この問題はもちろん最大の難問を提供するものである。ヌアー人の神 God と Spirit (God を神とすることと Spirit を精霊とすることとの便宜性に含まれる危険な問題はいま便宜上ゆずっておく) は kwoth とよばれているものであって、神と一致しない。エヴァンス＝プリチャードは次のように説明している。「われわれは決して精霊《スピリット》が何であるのかを問うているのではなくて、kwoth という私が Spirit と訳したヌアー人の観念が何であるかを問題にしているのである。それはいまここで検討している観念であるから、われわれの検討は理念の探究となる。その過程で、われわれはヌアー人が精霊を創造者であり天の父であると考えると同時に彼らはそれを多くの異なる表象としても考えている（私がそれを精霊の屈折作用とよぶところのもの）ことを提出したが、それらは社会集団、カテゴリー、そして人々との関係において捉えられているものである。精霊の観念は、すでにみたように社会的次元をもっている（社会構造が霊的次元を有するということはいまのところ差し控えておく）。われわれはまたヌアー人の観念において精霊が、感覚に訴えるところのサインやメディアやシンボルにおいても経験されるものであることをみてきた。基本的には、しかしながら、これは物に対する精霊の関係ではなく、物を通しての人間に対する精霊の関係であり、それであるからこそ、われわれは神 God と人間との関係に究極的にかかわっているのであるが、われわれが集中してきたこれまでのほとんどの関心であったこの関係における人間に対する神 God-to-man の面だけを考えるのではなく、神に対する人間 man-to-God の面も考えなくてはならないのである」(*ibid.*, p. 143)。kwoth は変形自在で多元的な存在であってとうてい英語や日本語の一語には訳せないものである。

（32） *Ibid.*, p. 128.
（33） C. Lévi-Strauss, *Totemism* (Eng. trans. by Rodney Needham), Pelican Book, 1969, pp. 151–154.
（34） ファースはティコピア文化においては知の構造は情の構造と決して十分に分離されるものではなく、分類活動は決して思考の問題だけではない、「双生児＝鳥」的問題を知的なまた宗教的な枠組の中だけで解くことはできないといっている。Firth, *op. cit.*, p. 15. ファースの所論はあまりうまく論点が整理されておらず不明瞭な点もあるが、一つの民族誌上の指摘としては価値が十分ある。

(35) Evans-Prichard, *op. cit.*, p. 142.

(36) この次元になると、先に触れたスタイナーの問題提起に近づくことになる。この問題は「未開」文化であるがゆえに不当に無視されていたということにしかすぎなくて、問題は「文学」の翻訳に還元されてゆく。しかし、スタイナーが本格的にこの問題に取り組んだ近著 G. Steiner, *After Babel: language and translation*, Oxford, 1975 に示されている課題の一つ、「どうしてある言語はある表現に秀で、他はそうでないのか」という問題を考えるときにはヌアー人の問題は一つのヒントとなる。また言語が自然(物)に対して消極的であり、その意味である言語においてはある種のものの表現ができないことが世界の認識において決して思考や感性の未発達を意味するものでないことは、ウェルナー・ミュラーが指摘しているとおりである。cf. W. Müller, "The 'Passivity' of language and the experience of nature," in Kitagawa and Long (ed.), *Myth and Symbols*, Chicago, 1969.

(37) G. Milner, "Siamese twins, birds and the double helix," *Man* (*N.S.*) 4, pp. 21-22.

異文化の理解

――フィールド・ワークのために――

1　方　法

「人類学的フィールド・ワークに関しては、資料を蒐めるための新しい方法をはっきりとわれわれは要求している。人類学者は、安楽な長椅子に腰かけて調査する立場を放棄しなければならない。すなわち、宣教師の館の長椅子や植民地政府の管理事務所、あるいは植民地のバンガローなどで、鉛筆とノートブックを手に、いや時にはウイスキー・ソーダを飲みながら、インフォーマントから情報を蒐め、物語を書き写し、野蛮人のテキストでノートを一杯にする、といった一切の方法を断念しなければならない。人類学者は屋外へ出て集落へ入り、原住民たちが畑を耕し、海岸や森で働くさまを観察しなければならない。それに加えて、原住民たちがカヌーに乗って出かければ一緒に遠い砂州へとついてゆき、漁撈や交易や儀礼的な遠征へも加わって観察しなければならない。情報は、原住民の生活を直接観察した調査者自身のものでなければならず、絶対に乗り気のないインフォーマントとの会話から絞り出したようなものであってはならない。

フィールド・ワークはたとえ野蛮人の間であっても、直接調査者自身が得たことによるものであれ、また間接的なものであれ、カニバリスムや首狩りから遠く離れたところで得たものであってはならず、まさに原住民の集落のど真ん中で得られたものでなければならない。野外での開かれた人類学、これまでの又聞きによるノート作製と反対のものは、ハード・ワークであるが、それはまた大変な娯しみでもある。

だが、このような人類学の研究を通してのみ、われわれは未開人と未開文化についての全体的な理解を得ることができるのである。こうした人類学的研究は、例えば神話についても、神話が単なる無益な知的探求とは異なった、環境と実際的に係わる生々とした生活の成分であることを示すことができるのである」(1)。

マリノフスキーによるこの「託宣」以来、フィールド・ワークの要請は人類学では自明のこととなった。いうまでもなく、人類学研究におけるフィールド・ワークの重要性は絶対的であり、何人もそれを否定することはできない。

このフィールド・ワークへの信仰は受け継がれて、より厳密化の傾向を辿っている。例えば今日の「ニュー・エスノグラフィー」を標榜する人類学者たちでさえ、マリノフスキーによるこの人類学研究の原点を彼らの研究の出発点として評価している(2)。マリノフスキーは、フィールドでの観察・研究・経験によって研究者をしてその研究対象の世界を原住民の視点を通してみることを可能とするような情報・資料を体系的に蒐める方法を得ようと試みた。この方法の実践は画期的な「革命」だった。それ以来、多くの人類学者たちはマリノフスキーの定めた方法に沿って、調査の技術を磨いてきたが、本来的にそれは、すでに伝統と化したこの「原住民の視点」から世界をみるという目的を研究目標として、一歩でもそれに近づくためであった。

マリノフスキー自身は、死後刊行された「日記」が明らかに示しているように(3)、フィールド・ワークの実際が決して理論的に明快な科学論理の構築に適うような性質のものでも、また「原住民の眼」を通して物を見る方法の獲得における理論と実際の格差が、とくに調査者自身の内的問題として容易に埋められる性質のものでもないことを、よく承知していたが、「科学」として発展してゆくにつれて人類学におけるこの研究方法の確立は、さまざまな問題を人類学の内部に残しながらも、華々しく行なわれていった。その後の人類学の動的な展開はフィールド・ワークそのものを理念化してゆく過程であったといってよいであろう。もっとも、マリノフスキーは彼の方法を携えて世界各地へ研究に赴いた人類学者の得た「成果」について決して満足することはなく、いつも手厳しい評価をあたえ続け、それが原因でイギリスでの現代人類学の「元祖」としての地位に安住できなくなり、アメリカへ渡ってイエールで大戦中に死んだ(4)、ともいわれている。

しかし、その後の世代の人類学者によって多くの新しい問題は発見され展開されていったが、この

「元祖」の確立した方法だけは不可謬的に守られた。

このフィールド・ワークによる研究方法によって得られた資料は、研究者が直接に参与観察によって得た「第一次資料」であり、その価値は絶対的であるべきものとされた。というのも、その方法が科学的であるという前提に立っていることを、内部で疑うものはいなかったからである。「元祖」自身が吐露しているように、「原住民の視点」に立つことは、何も研究者が「原住民」になることではない。人類学者は何よりも科学者であって、「原住民」は実験対象に等しいものである。

「元祖」に引続く世代の代表的人類学者の一人グラックマンは、この方法から得られる資料と、その資料の操作についての人類学的研究のあり方を次のように説明している(5)。すなわち、彼の説明によると、もし人が社会生活についての知的で洗練された思考家であり、自分が訪れているある社会で自分の周囲に生起することを何であれ長時間にわたって詳細に記録し、またそこの言葉を学んで人々が何を信じどんな動機でもって生きているか知ることができると仮定するならば、人類学者のノートに蓄積された資料の豊富さと価値を認めることができるであろう。旅行者や宣教師が行なったような、驚くべき出来事やエキゾチックな習慣をたまたま記録するといった行為の替りに、人類学者は、巨大な量の情報を貯蔵する。もっとも、その大半は出版事情もあって彼らの著した本の中ではほんの少し示されているだけにすぎないことになる。だが、その情報は自分の同国人の生活についての情報と似たものであって、後者の情報はもともと小説家や記録作家や伝記作家や劇作家の創造の源となるものであり、ただ人類学者の情報の方がより理解的で体系的であるだけである。

グラックマンの主張することは、人類学者の仕事は、異文化社会の日常生活についての詳細な記録をとることで、それこそ人類学者がフィールド・ワークで行なう第一の任務であり、ある点ではそれは小説家などの仕事に似ているが、ちがうのは科学的に日常生活についての情報を蒐め体系的に処理する点である、ということである。つまり、科学者として客観的にそれを行なうということである。

グラックマンはさらにこのような形で貯えられ蒐められた資料の有用性について論じ、こうして得た資料がいくつかの科学的枠組の中で分析され得ると述べている(6)。まず第一に、それらの資料は部分と全体とを問わず、文化の中に存在するパターンを索出するために用いることができる。これらのパターンは存在し、それらを探求することはわれわれ自身の歴史的伝統についてながい間に打ち樹てられた研究方向であり、それはルネッサンスや中世やヴィクトリア時代の精神についての研究と同じようなものである。この点で文化は、あるまとまりのある持続性を示している。この持続性の研究は文化人類学の研究課題となった。とくにアメリカではこの傾向が強い。各々異なる部族の文化のパターンには何か独自のものがある。

第二に、一つの社会でそこの固有の文化をもつ多くの異なった人々の行動を観察研究することによって得られるこうした資料は、それらの人々のパースナリティに共通する何かを検出することが可能となり、それを他の社会の人々のパースナリティと較べることができる。こうした解釈の線は、アメリカで盛んなパースナリティについての通文化的比較研究を生み出すことになる。

第三に、社会関係がどのように「結び合わされて」いるかに焦点を当てることが可能となった。すなわち、個人と集団の間、集団と集団の間、集団内部などでさまざまに異なる種類の関係が互いに与えている影響の仕方に焦点を当てた研究である。この解釈の線が社会人類学を生み出した。

グラックマンは、フィールド・ワークによる人類学的研究の成果である直接資料によって、文化のパターン、集団のパースナリティ、社会関係の性格の三つの研究領域が、各々の専門個別化の可能性を内部に秘めながらも、可能になると考えている。人類学的研究の関心のちがいは、アメリカ型やイギリス型といった大ざっぱな形で存在しても、慣習の研究を中心とする点では統合されるものだというのである。

グラックマンの見解は、マリノフスキー以降の現代人類学の標準的な考え方を示していると思われるので、少しながく触れたのであるが、ここで注意すべき点は、マリノフスキーが確立したフィールド・ワークの方法についてはまったく自明の前提としていることと、それによって得られる資料を科学的なものとしてはっきりと位置づけていることである。つまり、人類学者が異文化の生活環境の中で日常生活の見聞を直接記録しまとめてゆくところに獲得される資料は、純粋に「客観的」なものであり、理解的・体系的なものであって、作家が自文化の生活環境(別に自文化だけとは限らないはずであるが)で経験的に得る創造のための資料と似てはいても、科学的・客観的というその点だけは異なるということになる。ここには、フィールド・ワークが科学研究であるという確固とした「科学者」的な信念があるのである。この信念は、今日でも立派に通用し、ほとんどの人類学者は疑おうともしないものであるといってよいであろう。

しかし、事実は果してそのようなものであろうか。「元祖」の教条を引き継ぐ第一世代の人類学者はこの信念のもとに行動した。第二世代の大半もそうであった。しかし、第二世代から第三世代へかけての人類学者にとっては、この問題は決して自明の理ではなくなっている(7)。

フィールド・ワークという人類学における絶対的な研究方法の重要性に対する態度は変わらないが、その内容については今日では決して疑義がないわけではないのである。

「原住民の視点」で世界をみること、この人類学の特権ともいうべき立場が、一体、本当に実現されうるのか、という問いは、感受性の鈍くない研究者にとって人類学を考える場合の本質的な問題になってきた。

確かにマリノフスキー自身には、フィールド・ワークによる研究方法の確立という創設者の任務と同時に、二重の異境に身を置く境界異人としての認識が、その存在自体に影響をあたえていた(8)。フィールド・ワークに実験的な科学性を付与しようとしたのは、むしろその後に続いた人類学者たちであった。その端的な例はラドクリフ＝ブラウンの自然科学的な社会人類学研究、というより社会の自然科学的研究というお題目に鼓舞されたことである。一時は繁栄の極に達しようとしたかにみえたこのお題目による研究の破綻は早くきた。研究対象として自然科学者が実験材料を扱うように扱われようとした「未開人」「原住民」たちは、決して実験材料にされようとはしなかったからである。

今日では、フィールド・ワークの「科学性」についての意見は、バーンズがいうように(9)、「われわれは、フィールドにおいて、われわれが実験室で顕微鏡を覗いたり、スクリーンを見つめたりするような研究態度とまったく同じような仕方で行動することができるだろうか。あるいは、完全主義の方針に則って、われわれもフィールドで少なくとも実験室で研究するのと同じような研究条件になるべく近づけるよう努力すべきなのだろうか」と問うことからはじまり、まさに「こうした目的をもつならそれは貧しくはあっても決して良くはならない調査研究へと導くだけであって、効果的なフィールド・ワークを望むならば、いかにフィールド研究の実情というものが自然科学の実験室と異なるものであるのか、よく認識することがまず第一なのである」という見解に落ち着くことになる、といってよいであろうか。

あるいは、ギアツが皮肉っぽくマリノフスキーを指していうように、「カメレオンのようなフィールド・ワーカーの神話、つまり完全にエキゾチックな異文化環境に自分を調和させ、そこへの感情移入と気転と忍耐とコスモポリタンであることの生きた奇蹟であるという神話は、それを創出するのにもっとも大きく係わった当の人物自身によって粉砕された」(10)ことになるであろうか。

いずれにしても、人類学者にとって、あるいは人類学にとって、フィールド・ワークが不可欠の重要性をもつことは依然として事実ではあっても、フィールド・ワークという研究方法をめぐる問題は決していまでは単純には割り切れないものとなっている。というより、問題ははるかに複雑な様相を示しているのである。グラックマンが、データの活用にばかり目を向け、それによって人類学の独自性を主張しようとしたことは象徴的である。グラックマンがそこで関心を向けようとしなかったことで、今日では無視できない大きな問題となっていることは、いずれも、この人類学固有の研究方法をめぐるものであり、それは大きく分けて二つの問題である。

一つは、人類学者＝調査者がフィールドで果す役割をめぐる問題。

いま一つは、フィールド・ワークによる研究方法によって何を知りうるのかという人類学における「理解」の問題。

この二つの問題は、決して別々のものではないが、検討する場合にはじめから一緒にして論ずると混乱が起る。というのも、そこに現われる問題の性格は必ずしも同一のレベルで論じられる性質のものではないからである。

ここでは、まず前者の問題をとり上げるが、とはいってもそれも結局は後者と結びつくものであることがすぐに明らかになるはずである。後者の問題を検討するといっても、それは外面と内面のちがいといったものでもあって、前者と切り離すわけにもゆかなくなるのである。その点で、フィールド・ワークがかつて信じられたように実験室での科学研究と同質のものであるべきだという考え方が通用しなくなったことは大きな意味をもつといわねばならない。つまり、フィールドでの調査研究を研究者自身の問題とは関係ない「外在的」な出来事とする前提が崩れたことは、その研究方法および態度に対する大きな疑問が呈されたということにならざるをえないからである。

人類学者のフィールド・ワークをとり囲む環境は、いよいよ只事ではなくなってきている。それは第一の問題に関することだが、外的な面では、フィールドに「いる」ということ自体に直接関係するものである。これまでの植民地政府の傘下やあるいは宗主国の威力の下での「調査」と異なり、またハッドンやリヴァーズの時代といわずともマリノフスキー以後の世代も享受できた「孤立した」調査環境という「桃源郷」での「調査」と異なって、いまでは研究者は、不断に彼が研究する共同社会や組織への沈潜を妨げようとする自分自身の存在だけでなく研究対象自体がもつより広い世界との動的な関係を無視できないのである(11)。と同時に、フィールド内部でも研究者は自分が「いる」ということが四周の人々の行動に影響をあたえずにいないことを意識し、それを最小限にとどめようと試みなければならない。顕微鏡下におかれた実験材料とそれを観察する科学者という区分は完全に破られてしまったから、研究者もその一部であるような「社会関係」がフィールドにおいて新たに成立し、その関係の作り出すネットワークの中で、研究者自身が独自の役割を演じなければならなくなるのである。しかも、それは決してその「場」限りの関係ではない。そうした社会関係のネットワークの中で起される研究者の意味のある行為は、「調査期間」だけに限って意味のあるものとして存在するのではなく、調査の計画をたて、「調査」をすませ、研究室にかえって記録をまとめ出版したあと、その結果が被調査者によってどのように評価されるか、というところにまでおよぶのである。このことは当然であるといえば当然であるかもしれない。だが、実際には広く社会科学全体をみても、決してこの「当然」は当然とされてはいない。暗黙の前提というか、あるいは研究者とその属する制度との安寧を保つためにか、社会科学においては、自然科学における研究態度を理想のモデルとした「観察者」と「被観察者」という人間研究の方法が黙認されている。その区別の厳格なる守護は、研究者の存在前提であるといっても過言ではない。その区別の撤廃ということが実際可能であるのかどうかを真剣に論ずる声はあまり聞かれないのである。

しかし、人類学者は、異文化と異民族とが研究調査対象であるという根本的な条件のゆえに、逆にこの問題に正面から直面せざるをえなくなったのである。もちろん、この問題の解決に対しては性急になることは絶対に避けなければならない。「早とちり」をすべきではない。そうすれば問題は紛糾し、逃げていってしまう。しかし、放っておいてよいわけでは毛頭ないであろう。

フィールド・ワークをめぐるこのような問題は、バーンズが要約するように、四つの点で難問を提出する(12)。すなわち、第一に、フィールド・ワークによる研究は、以前と較べれば大幅に拡大されたので、「無文字社会」に焦点を当てるような場合でさえも、研究者は研究対象とする社会以外のさまざまな結びつきを考慮に入れなければならない。第二に、調査の焦点はもはや「無文字社会」だけに限るわけにはゆかなくなり、より規模の大きな社会、つまり読むことも書くこともできるような成員からなる社会を対象とするが、それらの人々は今日では人類学者を訴えることもできれば新聞や雑誌に反論を寄せることもできる。第三に、「調査」の結果を出版すること、調査地の人々の慣習について記し個々人の行動について触れなければならないのは研究者の学問的任務であるが、そこには不法な非難されるべき個々人の行動や言葉についての記述も、つまりプライヴァシーも含まれざるをえない。第四に、フィールド・ワークに従事する研究者に「調査」を許可する側の行政官や政府役人も、現在では人類学的な著作に彼らの活動に対して有益なものも不利をもたらす批判も含まれることを知っているところから、研究者に対して非常に要心深くなっている。

バーンズの以上の指摘は、私自身のフィールド体験からみても納得できる現実味をおびたものであるが、こうした条件がまず人類学者の直接の研究環境を形づくっていることは誰も否定できないであろう。要はそれを人類学者自身が「問題」として明確に意識するかどうかにかかっているだけである。

フィールドにおける研究者にとっての倫理とは、バーンズの指摘する以上の四点を守っていれば(といっても、一体守るとはどういうことなのだろうか)すむということではない。ギアツがいうように「フィールド・ワーカーの道徳的理想など単なる感傷にしかすぎない」(13)といってしまったほうが、リアリズムに徹して正直だという類の問題かもしれない。

だが、問題が現実にある以上、「感傷」といって片づく性質のことではない。ギアツの逆説は理解できるとしても、現場における人類学者個々人にとってある意味では問題は死活の様相をおびる。それは個々人の態度の良し悪しの問題ではすまされないものを含んでいる。人間の常識としての行動をとることは人類学研究以前の問題である。だが、常識と学問的探究とは必ずしも一致しない。常識を破ることこそ不断に要求される研究者の心構えであることが多いのである。だから、問題はそのことを承知の上で、あくまでもフィールド・ワークをどう捉えるかが問題なのである。バーンズがいうようにこの問題には単一の公式を当てはめることは不可能である(14)。調査者が自分の役割を明確にさせることは一つの解決法であろう。役割がはっきりとして彼をとりまく人々がそれに納得すれば、インフォーマントの好意を得ることも情報が自然と身のまわりに蒐まってくることもありうるであろう。だが、役割とは何なのか。この役でゆけばよいあるいはまずいという臨機応変な態度が、カメレオン(ギアツ)のように要求されるのか。それなら単なるオポチュニストということにもなる、というか、オポチュニストの栄光を人類学者は背負うべきだというべきなのだろうか。

だが、確かに、フィールドで働く(調べる)といっても、原則として、すべての社会的状況が客観的に研究者によって研究されるべきだという理由はどこにもない。研究者の欲することの実現ではなく、フィールドですることが許されるテーマについてだけが研究できるに決っているのである。それに、ある人が調査に成功したといって他の人が同じところで同じ調査に成功するという保証はまったくないのである。考えてみれば、フィールド・ワークほど状況によって左右され、個人によって左右される研究はないといってよい。個々の人類学者は性格も異なれば価値観もちがい、イデオロギーもちがえば嗜好も異なる。そしてむろんそれに応じてフィールドにいる人々の反応もちがう。国籍や民族・人種の差異も微妙な状況を形づくらざるをえないであろう。

こうした「原罪」のような条件が、フィールド・ワーク以前にフィールド・ワークには存在している。それでもなおフィールド・ワークは科学的に意味をもつものなのだろうか。

この問題は解決のつくという類の問題ではないであろう。ただ、「倫理」といった不安定きわまる問題とともに、むしろ問いかけによって、不断にフィールド・ワークに従事する、あるいは人類学研究に従事する者が問いかけてゆくことによって、「解決」に無限に近づく必要のある性質の問題であると思われる。問いを発することが意味をもつ問題というものは存在するはずである。あらためてフィールド・ワークの問題となるのは、一方で人類学者が異文化社会へ自ら入りこんで研究するという研究の条件にまつわる「存在」と「行動」に関係する「問いかけ」の問題であり、他方では、そうした「研究」の意味についてより深く考えることであり、その背景となっている前提をあらためて検討してみることである。

2　体験

人類学者あるいはもっと現場に即していうならば民族誌学者の第一の目的は、いうまでもなく自分が直接研究した文化の記述をすることである。この場合の文化とは、これまで数多くの議論があったとはいえ、結局のところシカゴ学派のシュナイダーさえはっきりと認めるように、「シンボルと意味の一体系」のことにほかならない。しかも、文化という概念は「記号論的」なものであり、文化の分析はそれゆえ決して「法則を求める実験科学的なもの」であってはならず、「意味を求める解釈学的なもの」とならざるをえない。ギアツのいうように「私の追求するのは、説明なのであって、その外的な不可解さから社会的表現を解釈することなのである」[15]。

　このようなアプローチは依然として少数派に留まっているといえるかもしれない。というより、少数派であるといういい方は、むしろ自分の行なっていることを反省的に思索し理論化して何らかの位置づけを試みるという習慣が驚くほど欠如しているわが国の学界だけに通用することかもしれない。本来人類学者なら、哲学者が哲学史を省みるように広い意味での思想史ないしは人類学史を省みることは当り前のことであるはずだからである。

　人類学をすることの意味を問うことは、感情に属する問題ではない。そうであるならば、文化を記述するという第一の課題についてあらためて考えてみる必要がある。人類学において研究者が行なうことは民族誌をかくことである。こういうことは容易だし、どんな教科書にもそう記してあるが、それがどういうことなのかを問うことは必ずしも容易ではない。もとより、民族誌とは何であるのか、もっと厳密にいうならば民族誌をかくとはどういうことなのか、を理解することによってはじめて人類学的研究が「一つの知識の形式」としてどのようなものとなるのか理解するための出発点が定められるからである。

実際、「記述するということには多くの問題がある」(16)。これまで広く社会科学一般においては、記述的な仕事と理論的な仕事とを区別する習慣があった。現実のデータ採集とその考察とは別々の学的枠組の中で取り扱われていた。民族誌学者は民族学者に第一次資料を提供して分析してもらう。確かにその点、有名なフレーザーのような偉大な総括家は、民族誌学者を一種のインフォーマントとみなしていた。レヴィ＝ストロースにもその傾向は強くみられる。これはある意味では重要なことである。フィールドの「現実」は民族誌学者を盲目にしてしまうことがある。行動しない醒めた頭脳によって冷静に自分の得てきたデータを吟味してもらうことは大切なことなのである。自分自身が己れの属する社会にあって、いかにその社会の実際が「みえ」ていないかに気づけばこのことの意味は明らかになる。

その点では、社会科学においても変りはない。純粋に社会誌的な仕事は社会学者が考察するための貴重な事実を提供するはずである。しかるに、この二つの区分、記述と理論の差はいまではかつてほど明確ではなくなってきている。実証的な手法は当然のことと考えられるようになってきたからである。記述の理論に対する地位は相対的に高まってきた。人類学においては、フレーザーやレヴィ＝ストロース(彼の場合は記述的仕事がやはり基礎になっているが)のようなごく少数の「天才」を除くと、記述と理論とは、モノグラフの作製作業において同一化されうる。地位の高低は問題とならない。社会科学において記述が一種の学問にあらざる技術とみなされてきたのとは事情は異なるのである。

もちろん、この問題は、現実と表象との間の亀裂という哲学的には旧い問題をその底においているが、この亀裂の問題を社会科学に応用しはじめたのは、まだこの数十年の間のことである。ウェーバーやパレートやソレルといった思想家の名前がすぐあげられるが、そこで考察された理論と実際の問題は、ウィンチが指摘するように決して完全なものではなかった(17)。というのも、それらの著者にとっては社会において人々が行なう「有意味な行為」とその反対とは、ある程度、感情移入《アインッユハンク》でもって自明となる性質のものであったからだ。

しかるに、人類学においては、この問題は俄然大きな、容易には自明となり難い性質のものとして現われ、その最初の踏み出しにおいてつまづく類のものとしてあったのである。

マリノフスキーが定めた民族誌学者の目的が「原住民の見解、その生活との関係を摑み、彼らの世界観を認識すること」にあるとしても、原住民がその「心」にいだいているところのものが何であるかを決める方法は、結局、マリノフスキーが説明するようなことになってしまうのだろうか。すなわち、「われわれは、その社会自体に属する一人の哲学者からはっきりとした明確で抽象的な説明を得ようと期待することはできない。原住民は己れの基本的な考え方を当然のこととして考えているし、もし何か信仰のことについて理由づけをしたり疑問をいだいたりした場合には、いつも具体的で細かい点についてそれを行なうのである。民族誌学者の側では、インフォーマントに対して彼がいかなる点でも意見をひき出すために作られた質問の最悪の形になるような一般的な説明を形づくるよう誘発するような試みは一切してはならない。何故ならば、こういう誘発して導き出すような質問をすることによって、原住民にとって本質的に関係のない言葉や概念が導入されてしまうからである。一度インフォーマントがその意味を知ってしまえば、そこに注ぎ込まれたわれわれ自身の考え方によってインフォーマントの外観は塗装されてしまうのである。だから、民族誌学者は、自分自身に対してだけ一般化を行なうべきであり、原住民の直接の助けを借りずに抽象的な説明を行なうべきである」(18)。

確かにここには異文化の記述を行なうに際しての適切な助言があたえられている。記述は必ず一般化をともなわずにいないから、「原住民」の眼でみるという「作業」自体がすでに二重の構造をもつものとして考えられている。

マリノフスキーの助言は、これ以上詳しくならないのが残念であるが、フィールドにおいて、インフォーマントに対してなされる「質問」の重要性の指摘は不可欠の重要性をもつものである。「質問を作ること」(何も質問表を作ることではない)がいくら慎重であっても慎重すぎることがないことは、一度でもフィールド・ワークの体験がある者ならよく承知できるはずであるが、このことも実はあまり論議されない性質のものといってよい。質問は注意深くなされなければならないし、「原住民」に彼らの認識体系の一部となっていない理念を吹き込むようなものであってはならない。だが、このこと自体が一種の虚構による前提であることもフィールド体験のある者ならばよく納得できるはずである。一体、原住民の認識体系にとって本質的に関係のない理念が何であるのか、どのようにして前もって(調査をはじめる前に)わかるのであろうか。だが、こうした疑問に答えることなしに、「言語学の手法を借りて、民族学者は自分が研究している文化のより完璧な分析へ発展させる適切なデータを引き出すために、もっと体系的な(そしておそらく実物そっくりの)質問をする過程を作り出そうと試みる」[19]ことになる。ここでは、質問の過程と、質問者である研究者とその「原住民」インフォーマントとの間の関係が、その応答にどのような影響をあたえるのかを決めることについて、ほとんど注意が向けられていないのである。質問の技術だけが進行してゆくという結果をそれは招かないのだろうか。

民族誌を作るための作業は、ラポートをうまく行ない、インフォーマントを選び出し、テクストを書き写し、系譜を作製し、日記をつけるといった一連の「調査技術」に負うものであることは一方の事実である。だが、この作業の性格を決定づけるのは、こうした技術とその適用の仕方ではない。ギアツは、これを決めるのは知的な努力であるといい、ライルの言葉を借りて、民族誌の記述は「厚味《シック》のある(綿密な)記述《ディスクリプション》」であるとする。研究者が直面するのは、複雑な観念の構造体なのであって、それらは互いに結びあわされ焼きつけられていて、しかも同時に異質で不規則であいまいなものである。これを民族誌学者はまず捉え、そして表現しなければならない。

だが、そうした職務を果すことは、人類学における「通俗」の手続を経て行なわれなければならない、という人類学研究の原則がある。帰するところは「感受性」の問題とするのは早急にすぎるのである。記述の問題もまたこの問題と不可分の関係にある。というよりも、記述と記してきたが、問題は常に記述以前にあるといってもよいのであって、そこでその記述以前の問題にまたかえってゆく。

現代人類学における平均的なその前提、つまり人類学的フィールド体験のあり方についていま一度考えてみよう。フィールド・ワークとは、いうは易しいが行なうは困難な作業であって、人類学が他の諸科学との競合において思い知らされる(アカデミー内部で)ことであるが、フィールド・ワークの意味はまず理解されていないのである。これは、たとえばごく近い関連科学である社会学や心理学との間においてすら、もう絶望的な深い相互理解の不可能な溝として横たわるものに他ならないのである。これは現実の体験からいっていることであるが、人類学者の孤立という避けられない現象そのもののことでもある。

しかも、人類学を志望する若い学生たちにも容易に解ることであるが、ひとたびフィールド体験をするならば、いわゆる社会科学のアンケート方法主体による「調査」などはすべて疑わしいものと感ぜられてくる。フィールドにおいて、たった一つの、しかも些細な「事実」を情報として獲得《かくとく》することにどれほど時間がかかり、足を使い、頭を下げ、笑顔をつくって行なわねばならないか、極端な場合、相手の名前ひとつを知るためにどれほどの努力が必要か、身に沁みて感ずるからである。一度フィールド・ワークの経験をもてば、何よりも時との勝負であることが、社会的事実の探求者にとって本質的な命題となることを理解する。

では、このような人類学的フィールド・ワークの特徴の平均値とは何であろうか。繰り返しになるが、再びフィールド体験の特徴とは何なのか。例えば、アメリカの大学の人類学科において教えられているその捉え方の特質は、ジョージ・フォスターがいうように、何よりもフィールド・ワークに従事する研究者の主体をめぐって生ずるものである。フォスターはいう、「フィールド体験の際立った特徴は、人類学者が直接の第一次的な研究者としてデータの蒐集に参加しなければならず、他の諸科学の研究者よりもはるかに長い期間一つの全体的なフィールドの場に溶け込もうとしなければならないということにある」(20)。ほとんどの場合、この溶け込む努力は、一年あるいはそれ以上の期間にわたって続けられる。異社会に住み込み、そこのことばを話し、そこの住人を友としてその家庭の客となり、またこちらに招いてもてなしをし、その社会の行事、社会的、経済的、宗教的な各種の行事に参加する。自分がこれまで生れ育った社会との距離はひらいて大きなものとなり、同僚との付き合いもとだえがちになる(レヴィ＝ストロースが回顧する「原住民」の間での調査行において心に現われたショパンのような形で自文化の断片が象徴的に現われることしかなくなる。その意味はまた象徴的であるにしても)。

こうした状況において人類学者の心理状態は困難に直面しつづける。最初、その研究対象とする社会で受け入れられるかどうか決して確信があるわけではない。調査の成功の可否はひとえに人々の慈悲心如何によるのである。この事実は、いずこでも同じである。一九七七年の秋に学生と一緒に小笠原父島へ調査に行ったが、本多勝一氏ばりの人類学調査批判を行く前に展開していた若い人々は、フィールドの現実の前に、無意味な議論の空疎さが空鳴りするのをつぶさに感じた。

フォスターがアメリカの大学生にいう如く、人類学者は調査地の人々の友情と信頼とを得なければならないし、それができることによってはじめて必要な情報が得られる。人類学者としてやってゆけるかどうかはそうした関係を樹立できるかどうかにかかっているといっても過言ではない。いうまでもないことだが、調査はそこの人々の気持次第であって、人類学者はむしろ被調査者の立場におかれることになり、資料の獲得は人々の気持次第であること、むしろそうした人々の裁量のはかりの上に自分がのせられていることをいやというほど感ずるにちがいない。

人々の信頼を得、滑らかなラポートが出来るかどうかに、数ヵ月はかかるわけであるし、フィールド・ワークは急ぎようがないことがいやほど思い知らされよう。この点、数日ないし長くとも数週間の「調査」でアンケート用紙をみたして意気ようようと研究室へ引き揚げ、コンピューター処理に急ぐ他の分野の研究者とまったく本質的にデータに対する接近の仕方がちがうのである。小笠原でも遭遇したのはこのちがいから生ずるとんだとばっちりであった。学生たちはこの最初の接触で人々の笑顔(それさえアンケートの不躾な調査によってすでに人々の顔から消えてしまっていたのだ。他の社会科学者による調査専横のとばっちり、「アンケートなんか破りすてるよ」という拒絶反応をどう柔らげていったか、その努力だけでもよい人生の教訓となる。それこそ本当の教育であろうとも思うのである）の下に覗く、潜在的な敵意の壁に脅えてしまうのである。

この段階でうまくゆかないことが尾を引けば、止むをえずフィールドからの撤退を余儀なくされる。仕方なく他の社会へと場を替えざるをえない結果は、よくみられることである。

そこで、このようなフィールド・ワークの実際からいって、人類学研究において不可避的に生ずる問題に、個人的要因《パーソナル・ファクター》といわれるものがある(21)。これは他の社会科学においてはほとんどいわれないことであるし、現実にはどこでもあるにちがいないのであるが、通常はアンケート用紙の疑似科学主義によって隠蔽されている問題である。だが、人類学のフィールド・ワークではそれは無視できない大きな要因となる。

異文化の壁に面した人類学者は、人々の誰何によって否応なく自分自身を視つめなおす必要にかられざるをえない。レヴィ＝ストロースの自問にもみられる如く（後で触れる）、自分の動機、自分自身に正直であろうと心理的に心がけること、それらを職業スパイの訓練を受けていない人類学者は、人人の凝視の中にあって、自問しつづける。生半可な答えでは誰もゆるしてはくれない。人々に対する答えと行動の不一致は鋭く指弾されずにいない。何しろ多勢に無勢なのである。動物園のサルはこちらの側なのである。この本末転倒は、人類学者が帰ってから発表するモノグラフに示された記述には表われていない。このフィールドにあって絶えず自省を強要されること（小笠原での短い期間にも絶えず行なわねばならなかった）は他の研究者にはみられない。大義名分（多くは研究者側の自足的な問題提起のための――住民運動、反公害、社会移動その他）によって押し切ることになるのである。だが、短期間ならいざ知らず、一ヵ月と経たない裡に浅はかな研究者の自己防衛の壁は、「素朴な」異社会の人々の凝視によって打ち破られるであろう。

フォスターは「多くの人類学者は、最初の長期間のフィールド行から帰ってくると、自分たちが何か精神分析的な体験に近いものをもったと感じている」(22)といっている。日本ではこういう感想をきいたことはまだないが、それに近い経験を、むしろそれ以上の経験をもったと感じている研究者は多いのではないであろうか。私自身、いうまでもなくいまこのようなテーマを追いかけるのも、フィールド経験によって必然的に導かれたことといってよいのである。

人類学者の主体が問われることは、ごく卑近な生活上の問題として生じてくる。それは日常の体験として起る。そこで「カルチャー・ショック」という事態が、フィールドで体験する情緒的な圧迫によって招来されずにいなくなる(23)。不適応といってしまえば簡単だが、適応への過程には不適応は含まれる。カルチャー・ショックとは、通常、心理的な不適応から生ずるものであり、自社会から他の異社会へ移って生活を定着しようと思う者に、異社会の文化の規則を知らないところから生ずる現象であるが、この現象を研究することは人類学の大きな課題であるという事実は、そもそも人類学者のフィールド体験がカルチャー・ショックから生れるからであるといってよいからである。そこで、この体験のない、あるいはその体験が集中的でない（少なくとも、他の分野の場合、この体験を学問的営為の中核に据えるということはない）他の社会科学の研究者とここでもまた人類学者は異なることになる。カルチャー・ショックをどう経験するか、従来の「探検人類学」者によって捉えられてきたのと異なって、それを鉄面皮の厚顔無恥で切り抜けるというのではなく、カルチャー・ショックに傷つく感性をもつ人類学者としてそれをどう内面化するかに、人類学研究の本質はあるというべきなのである。

そこから、人類学者のすべてがフィールドに向いているわけではないというよくいわれる逆説的表現が生れてくる。フィールド経験が（よく故泉靖一先生がいわれたように）人類学者の「成人式」に相当するというのはここからきている。フィールドに失敗した者は「成人」できないのである。卓抜な人類学的関心と不様なフィールド・ワークの失敗とが同居するところにこの研究分野の特質が存在するといってよい。フォスターは今日ではフィールドのできない人類学者は少なくなったといい、その理由として、人類学訓練がよくなり、失敗してもその失敗から立ち直るチャンスを他の同僚人類学者の例によって与えられるからだと指摘しているが(24)、これは、自分のフィールドでの試行錯誤が先輩のと同じだという安心感を生み、先例によって勇気づけられ（人類学の教育がその先例を教える）、ショックが起った後で再び状況に自分を再確立する余裕をあたえるということである。確かにまったく先例のない体験であればショックの影響も大きかろう。だが、先例をもって勇気づけられるという営為の中に、他の人類学者だってそうなんだ、という安易なフィールド・ワークへの姿勢が生れてくる危険性は大きいものといわねばなるまい。フィールド・ワークがルーティン化されるということの、メカニカルでオートマチックなフィールド・ワークは百害あって一利なしという小笠原の先例でもタイでの先例でもよくみられた事実を、フォスターの指摘は逆に私に思い知らせてくれる。カルチャー・ショックは大きく感ぜられる方がよほど健全であるといわねばならない。

だが、カルチャー・ショックの受け方とそれへの対応の仕方がさまざまであるように、一人でフィールド・ワークを行なう(この独りで行なうことが絶対に必要であり、集団で行なうことは避けなければならない)ことからも、個人的要因は人類学研究に大きな意味をもたざるをえない。レッドフィールドとオスカー・ルイスの例はよく知られているが、時間をおいたとはいえ、二人の秀れた人類学者が調査研究した同じコミュニティ(メキシコのテポットラン村)に見出したものは対照的なちがいをみせているのである。同じ事例を先達のすばらしいモノグラフが出たあとでその同じ地域に赴いて調査した後発の若い人類学者がそこに発見したことは、かなり異なる事実であったという例はままみられることであり、大いに考えられ得ることである。絶対的に実験的に検証できるという事実を見出すことは、人類学研究の場合、まず困難であるといってさえよいかと思われる。「藪の中」ではないが、真実は隠されていて、たとえ後から赴いた人類学者が見出したことが先達の発見したものと異なるといって、前者が正しいとは必ずしもいえず、また後者が誤りであるともさらさらいえないのである。

極端にいうならば、絵画を前にして、それを鑑賞する人々が各々いだく印象そして理解が異なるように、またモオツァルトを聴く人々の感想がちがいを示すように、フィールド・ワークでの事実の発見もちがいを示さずにいない。しかし、絵画といい音楽といいそれを鑑賞する能力あるいは技術を錬磨することによって、つまり嫌ないい方だがプロになることによって、それは単なる個人の好き嫌いのレベルとはちがったある水準を定めずにはいない。フィールド・ワークも同じであって、経験を積んだ者が、いや、フィールド・ワークによって異文化に精通することのできた者がみればいくら異なる環境でなされたものであっても、行なわれたことの真偽は解るものである。といっても、フィールド・ワークが実験的な客観性をもちうるものであるとはいえない。その文化の内奥へと時間を経ながら探りを入れてゆくにつれて誰にでも明らかな事実というものもまた姿を消してゆく。問題はこのレベルのことなのであって、戸籍票をもってその社会の構成がわかるといった機能主義のレベルのことではない。

人類学的フィールド・ワークの可能性は、社会科学その他で自然科学的実験研究のモデルを範例として行なわれる統計的な事実という虚構を明らかにしてゆくことにある。それは自らが現実の藪の中をさ迷い歩くことによって、自らが事実という巨大な罠に陥ることによって、科学の虚構を明らかにしてゆくことにあるといってもよいのである。

この点で、個人的要因が科学研究の美名の下に抹殺されることなく現われてくる。文化というもの、あるいは自分の属する文化というものに内在するパラダイムの限界も明らかになる。

しかし、フォスターのように適応不適応の心理学的枠組の中でのみ異文化の中における人類学者の活動を捉えることは十分ではない。それはあくまでも一つの側面である。

フィールド・ワークの重要な意味は、それが常に物の捉え方の一元主義を排除してゆく働きにある。文化そのものがすでに単一でありえなくなっている。そこでは常に文化の規範が双系的にならざるをえない。単系的な文化の継承は不可能になってしまう。人類学者にとっては自分の出自をめぐる葛藤が必然的に生じる。人類学者の分裂とは、自らの出自をめぐる単系原理をいかに双系原理へと転換させるかという問題でもあるのである。

フィールド・ワークは逆説的に文化の境界を曖昧なものとする。文化の枠組が見えなくなってしまう。いや、そう断言してはならない。むしろ文化の枠組を露わにさせるといったらよいか。だが、そのときにはすでに枠組は〝自己〟にとって明らかでなくなってしまっている。公準としての自文化のことである。そこに働くのは、中間的人間を創出させようとする力である。ストレンジャーからマージナル・マンへと、その力は強制する。人類学者はというと、その力には抗すべくもなく、宿命として受容するだけの消極性しかもちあわせていないのだ。あるとき突然、文化的に寄る辺なき身を発見するという具合である。

抽象的なこうした論議から、もっと主体に即したこの面での分裂の問題へと移ってみよう。

単系から双系へ、一方から中間へと移行せずにはいない現存在としての人類学者には、ある種のぼんやりとした影がつきまとって離れようとしない。その影にはいろいろなものが映る。それは人を惑わせずにいない幻影である。ただひとつ付け加えれば、その幻影は決して犠牲をともなわないところには生じないということである。ひたすら自己を犠牲にすること、このことばにすればきれいごとにすぎることの実現を絶えず心がけること以外にはない。この自己犠牲とはいうまでもなく自文化に対する禁欲なのである。

こうして異文化の理解への道程は、決して平坦ではありえないことが解る。それはあたりまえではないかといわれるかもしれないが、決して学界の常識ではないことを人類学者は思い知っているのである。解釈へと結実してゆくためには常に人類学者の中で分裂が起らざるをえない。その分裂は極端な二極へと引き割こうと人類学者に襲いかかる。こうしたいい方は、避けるべきであろうか。異文化理解へと赴く人類学者の姿にロマンチシズムとナルシシズムを見出そうとするような形にともすれば陥りやすいからである（スーザン・ソンタークのいう「英雄としての人類学者」）。だが、その行為には望もうが望むまいが冒険が付随していることも事実である。

より主観的にいうならば、フィールドにあって、人類学者の胸裡を慰撫するのは、結局のところ、あてどのない自問自答である。

「現地調査というものは、試練の連続だ。日の出と共に起き、現地の最後の人が眠りに就くまで目を覚していなければならず、時には彼の眠りさえ見守らねばならない。絶えず居合せていながら、目障りにならないように心を砕く。すべてを見、すべてを心に留め、すべてをノートし、不面目なへまの数々を仕出かし、涙垂れ小僧に情報を乞い、人々の機嫌のいい時や、打ち解けている時の一瞬を活用できるように気を配っている必要がある。それでいて或る時は、部族の人たちの風向きが急に変ったために、やむなく何日ものあいだ、あらゆる好奇心を圧し殺して、ひっそりと謹慎していなければならないのだ。こんな仕事をやり遂げようとして、調査者は自分を責むのである。一体、馴れ親しんだ環境や友達や習慣を棄て、こんなにも大きな経費と努力を払い、健康まで危くした挙句の結果というのは、たったこれだけのことなのだろうか」。

「その挙句に自問することは決っている――何をしにここまでやって来たのだ？　どんな当てがあって？　何の目的のために？　民族学の調査というのはそもそも何なのか？　研究室や実験室が自宅から数千キロも離れているという、それだけの違いを取ってみても、他のものと同じ意味での職務の正常な執行と、果して言えるだろうか？　あるいはこれは、他のものよりももっと極端な、自分がその中に生れ育った生活体系の意味までも巻添えにして問い直す職業を選んだ結果なのだろうか」（レヴィ＝ストロース、川田順造訳『悲しき熱帯』）。

このようにうまく表現できないとしても、同じような経験をもち同じような気持に捉われることは人類学者にとって決して珍しくはないはずである。いく度もそうした体験をもったことのない人類学者はいないのではないか。それは自分が選んだ人類学という「天職」に対する誇りと呪詛の交錯するアンビヴァレントな感情であるといったらよいであろうか。

しかし、こうしたアンビヴァレンスこそ人類学的研究の基底にあり、人類学を他の諸々の研究から区別する特徴なのであるといったらよいであろうか。それにおよそ他の研究分野の研究者が整理する民族誌的事実というものは面白くないのである。そこには決定的な何かが欠けている。その何かには、レヴィ＝ストロースが述懐しているような形での異文化との接触が大きな意味をもつといってよいのである。それは自文化での生活の犠牲の代価に人類学者が得る「瑣末なもの」、そして、ある意味では生死の問題すらそこにかかわらざるをえないような異文化との「摩擦」によるものではないであろうか。

3　理　解

主観的な形でフィールド・ワークのあたえるショックの影響を探ろうとする試みは、決して意味のないことではないし、大げさにいうならば科学と現実というダイコトミーを考える場合の不可欠の要因であると思えるのであるが、その触れ方はともすれば人類学者のナルシシズムに流れやすく、また他からそう受けとられてしまう危険があろう。

それ以外にフィールド・ワークを通して人類学者が得ようとする異文化理解の性質について、まだ問わなければならないことは多いのである。というよりも、人類学者自身にとっては問題はこれから問いをはじめようとするところであるといってよい段階なのである。現代の人類学のさしかかったところは、ちょうどその問いの第一段階に踏み出したところである。人類学者の異文化の分析は、対象である文化の理解(自分で理解のために必要であると思った異文化についての自分で蒐めた断片的資料とそれを生み出した生活体験)を自ら構造化して示すこと、すなわち、それが自文化にとって部分的には異なるが了解可能なものであり、抽象的であっても決して理解不可能ではない人工的な形式をもつものとして示すことにある。もちろん、その成否はこれまでにも触れたように些細な(だが、生活上では大きな)事象によって左右されずにいない。フィールド・ワークは、どこでも出来るものでなく、フィールドにゆけば調査がいつも可能であるというようにはゆかないのである。人類学者が学問的枠組の中で形成しているカテゴリーと、そこの人々が実際に用いているカテゴリーとはどうしてもくいちがわざるをえないのであり、その調整は困難な問題を常に提起する。

その調整は決してオートマチックに行なわれるものではありえず、たとえ場数を踏んだベテラン人類学者であっても、新しい異文化環境において、ほぼ初めからやり直さなければならない性質のものである。異文化研究に〝慣れ〟は禁物である。〝慣れ〟は文化に対する感性を鈍化させる以外のものではないからである。

調整の問題は、フィールドにあって、端的にいうと、「問い」の問題に集約されるといってよい。研究者が異文化の中に入ってゆくとき、そこには常に、少なくとも現段階では、いや、人類学研究の開始以来、まったくの手ぶらで入ってゆくことはありえない。たとえそこがテラ・インコグニタ(未知の地）であっても周囲の人々からなるたけ情報を得ようと試みる。それは当然であるが、いまではその「行く前」の知識は大抵の場合かなりのもので（ほとんどの場合、欧米の大学ではまずそこの言語を習得してから赴く）、その社会の概観について研究者はむしろよく知っているといってさしつかえない。原則的には、このことはフィールド・ワークそのものに赴くときでも、またその文化についての他人が研究した記録・資料を検討するときでも、同じである。

この場合、研究者が研究しようとする異文化世界は、彼の育った環境やその背景の社会そして彼の属する文化の伝統などによって、さらに学問的訓練によって、まず観念化させられる。この観念化のプロセスは、自文化の中で行なわれるものであるが、そこにおいて、すでに対象とする異文化の世界の認識はある程度形をあたえられている。換言すれば、異文化理解のある部分はそこで出来上っていることになる。これは研究者の誰しもが当然為すべきこととして課される「理解」である。

この「理解」は決して変えられない性質のものではないとしても、その役割は過小評価できない。マリア・バーバラ・ワトソン＝フランクとローレンス・C・ワトソンによると、この「理解」は解釈学でいうところの「前理解《プレ・アンダースタンディング》」に相当するものである[25]。

こうした前理解についてとり上げた人類学者はこの二人以外にこれまでほとんどいないといってよいが（もちろん、先入主をもってフィールドに臨むことを禁ずる一方、言語も含めてなるたけ多くの知識をもってゆけ、とはどの人類学教師も学生に向って命ずることであるが、この二律背反の「意味」を問うことは正面からなされていないようにみえる。ワトソン＝フランクとワトソンの論題もこの「意味」についての正面切った論議というのからは微妙にそれる。つまり、解釈学の問題に帰してしまうからである)、考えてみれば前理解は両刃の剣である。しかも、いかなる人類学者といえども、この剣の危険性から、意識するとしないとにかかわらず、逃れることはできない。ワトソン＝フランクとワトソンとはこれを危険性という面からは捉えてはいない。

しかし、考えてみれば、とくに解釈学によって教えられなくとも(人類学者による異文化研究がやはり一つの「解釈学」を形成するということは事実であるとしても)、研究者が自己の属する歴史(私の用語でいうと「自文化」)から逃れて、その外部に、没文化的な真空地帯の中で、他の文化に生起した出来事の意味を捉えることは不可能である。前理解をもってフィールド・ワークを行なう人類学者はこのことを従来必ずしもよく認識してはいない。異文化を、「原住民の眼を通して」理解するべきとのマリノフスキーにあっても、この前理解の処理の仕方については、先に触れた人類学教師の一般的な訓示以上を出ない。

前理解をどう位置づけ、どう扱ったらよいのであろうか、となると、人類学者は途方にくれてしまう。もちろん、フィールドで出会う実態は、大学での甘っちょろい問題意識などすぐさま打ち毀してしまうよ、とは先輩人類学者が誰しも垂れる訓示の一つであって、それはある意味ではいつでも正しい。フィールドが前理解通りに現われたということはまず私の体験からいってもありえない。期待は現実に裏切られ、計算はことごとく外れる、というのが経験上の実際である。

だが、といって、このような訓示だけで問題が片づけられるとすれば、人類学の訓練も運動部のタコ部屋式訓練と同じ類のものとなってしまう。この問題はもっと複雑である。欧米の人類学者が日本へ来て研究する場合には日本「原住民」として容易に指摘できることであるが、何よりも彼らの物の見方があまりに日本の現実とは異なることが多く、実際問題として、こちらの事実を事実として了解してもらえるかどうか不安になるほど、彼らの日本文化についてもっている前理解の影響が大きいものと感じられてしまうことが多いのである。タイで実地調査に携わるときでも、タイ人が私たち日本人にいうことは、これと同じことである。もとより、こうした印象だけでその研究が評価できるわけでもないが、秀れた人類学者なら、ある時点で、この葛藤の存在に気づき、内部での苦しい葛藤解決のための戦いを行なうにちがいないのであって、その戦いに苦しんだあと、私たちは(つまり原住民は)この人は解っている、と感ずるにちがいないのである。

この点に関して、人類学者は常にそうした前理解をもつ自分を分析することによって、自分自身のもつ偏向を意識することが重要であることはいうまでもない。その上とくに重要なことは、その偏向には、科学によってあたえられるものも含まれているという事実である。こうした反省的態度こそが異文化理解の前提であるともいえるが、これは必ずしも実行されていることとはいえず、研究者は外部の事象にのみ追求の眼を奪われる。だが、この絶えざる自己の偏向の分析との格闘のプロセスこそ異文化理解にいたる上でのもっとも重要なプロセスであるということもできる。というのも、このプロセスには、異文化の提出する事象の意味を解くプロセスが同時に含まれているわけであって、このプロセスを通して人類学者が見聞し経験することを解くことによって明らかになる意味は、異文化が実際に示そうとするものに他ならないからであり、それはむしろ人類学者がその人々に向って尋ねたいと思うことにはないことが多いからである。

こういうふうに断ずることは危険かもしれない。もちろんのこと、フィールドに赴く前にすでにもっている自文化の中で形成された異文化像の問題は、まだ論ずる余地を多く残している。それを先入主あるいはここで用いる解釈学的な用語である前理解の問題であるといって、フィールド体験と切り離して論ずること自体が一種の語義矛盾になってしまうのであるが、それをよく意識した上で、この前理解について、考えてみる。

そこで問題となることは、前理解というやや抽象的な概念を、そのすべてではないとしても、具体的な形にするものとしての偏見《プレジュディス》の存在である(26)。偏見という用語は、とくに現代日本語においては用いるのがときとして困難になってしまった言葉であるが、ここではもちろん思想史上の用語として用いる。その場合、プレジュディスを偏見と訳すことが適当ではないならば、たとえば、先入観とでもしてもよいが、やはり誤解の怖れを考えた上でも偏見とする方がよいと思われる。というのも、プレジュディスとは、確たる証拠に基づいた実際の判断を下す以前にいだく判断・評価なのであって、それ自体がすでに一つの見方を形成しているからである。一つの見解であるという点で、それはすでに偏見としかいいようのないことなのである。ガダマーなどがいうように、この偏見の定義は啓蒙主義時代に生まれたものであり、いわば理性中心主義の産物であった(27)。

偏見がいたるところにはびこるものであることはよく承知してはいても、偏見に支配されなくては生きてゆけないのが人間の存在である。だが、この事物の真実を理解する上での最大の敵を相手に、戦いを挑むことは(それには科学も含まれているわけであるが)、異文化理解に挺身する者の絶えまのない課業とならざるをえないのである。

もし真実の(あるいは実際の)理解に到達しようと望むならば、現前する事象に関する前理解について疑問を投げかけ、あらゆるそれにまつわる偏見を取りのぞかなくてはならない(28)。この場合、真実の理解とは、とりもなおさず、その事象が生起するコンテキストに即した理解であることを意味する。真実とはこの意味にしかない。

では、この理解に達するために、偏見をどのようにして追放することができるのであろうか。この場合にも、もっとも重要な問題として、先にも触れたが解釈学でいう「問い」の問題があらためて検討されなくてはならないものとして生じてくる(29)。あらためて、というのは、実のところ問いをすることはこれまで繰り返し触れたように実態調査の要諦であって、予め綿密に準備された(ときとしてコンピューター用に仕組まれた)質問表を用意して調査にとりかかることはきわめて当然のこととして受けとられているからである。社会調査に従事する者なら誰しも質問の一つや二つは作ったことがあるにちがいないし、また日常生活にあってその実践の被調査者となってアンケート用紙などが配られてきたときにはポイと投げすててしまってあんなもの答えるものかと思った経験も多々あるにちがいない。

この問いを発するという問題は、ごく当り前のことと考えられているにもかかわらず、実際にはよほど注意深くとりあつかわなければならない問題である。問いをするという行為自体にすでに偏見が入りこんでいるからだ。何ごとかについて質問を発するときには、すでにその問い自体に形と方向づけをあたえているある種の立場(歴史と伝統・自文化によって定められたもの、あるいはそれらと切り離せないとしても大学で作られたもの)に立つものであることは間違いない。

それに、この問いを発するということ自体が、それの発せられる対象についてすでに何かを把握していなければ不可能なことを意味する。問いという場合、単にあるコンテキストを形成する一断片の情報を求めるものではなく、理解を求めるための問いを意味するのであって、一つの全体としてのコンテキストを参照するものであり(30)、事象全般にわたるものである。もっとも、解釈学ではこの二つに関して、たとえば、情報の問いと理解の問いというように分けることが概念上可能とはなっても、人類学のフィールド・ワークにあっては、両者は単純に区別できるものではない。ただ、この区別に意味がやはりあると思われるのは、日頃、社会科学その他の実態調査において、いかに理解を求めるための問いが行なわれることが少ないか、あるいは、部分だけの切り取り情報質問の項目作成ばかりに精を出して、文化のコンテキストを無視してしまうことが多いか知っているところから、問いにおけるけじめはつけておいてよいかと考えざるをえない。この区別は別のいい方をすれば、個人的問いと制度的問いの区別（ハンソン）(31)ということもできるであろう。

制度的な全体理解を求める問いは、それだけ前理解による（そして偏見の）影響を受けている。では、こうした問いはどのような形で真の理解へ導いてゆくことができるのであろうか。問いが正しいものであるかどうかを決めることはむずかしい。正しい問いを発することができるとは何を意味するのか。異文化の中に正しさの基準を見出すことはそもそも異文化研究の目標である。ということは、問いを発することは、異文化研究の出発点でありながら、それがまた終極目的でもあるということになる。

だが、問いを発するということは不断の動的プロセスであって、質問と応答という形によって成立するのは、調査者と人々との間の対話《ダイアローグ》である。そして、いうまでもなく、この対話というものこそ、シュライエルマッヘルその他の解釈学者によって人間の普遍性を立証するものとして考えられてきたことに他ならない(32)。対話が個人間、集団間、民族間などに成立することによって、同じ事象を経験する人間の認識の同質性が保証されることになるのである。

人類学においては、このような対話といった形では捉えられてこなかったとはいえ、問題は本質的に同じであるばかりか、人類学者はこれまでの議論において示してきたようにむしろ解釈学理論の応用者ないし実践家としての特徴を有するものといえよう。いわば先験的な形で解釈学において捉えられてきた問題はすぐれて人類学における実践課題を提供する。もちろん、解釈学の理論はそのままでは空論に陥る可能性がある。抽象論に終始する怖れが多分にあって、哲学者のもて遊ぶ道具とはなっても、現実にあたえる説得力は弱い。一方、人類学者は手ぶらでフィールドに赴いて、事実と思われるものを蒐めてくる。だが、事実と思われたものにはすでに偏見という手あかが付いてしまっている場合が多い。解釈学者によって先験的にあたえられた意識上の訓練を経ることによって、フィールドにおける理解はさらに厳密なものとなる可能性がある。

対話がきちんと成立するためには何よりも相手に対して適切な問いをあたえ、正しい答えを引き出すことが必要である。文化のコンテキストに即した問いが生れるまでにはながい期間が経ち、自分を鍛え直す訓練が要る。そうした後で成立する対話とは、弁証法的な発展を辿るものであるということができよう(33)。この弁証法的な対話のプロセスによって偏見は打ち砕かれ、自文化の壁が取り除かれるのである。

調査者と相手の人々との間に理解のつながりを築く作業は、こうした対話なしでは行なわれ得ない。もちろん、この種の対話は決して単なる言語的なものに留まらない。それは非言語的なコミュニケーションをも含むし、研究者とテキストとの間にさえ成立するものである。いずれにしても、真の理解というものがあるとすれば何らかの形での対話がそこに(調査者と対象との間に)成立しなければならないのである。それにはまた「理解の地平」の拡大という形で考えられるものも含まれるかもしれない。

よくいわれるように「生活の表現がまったく異なるものであれば、解釈することは不可能であろう」という事実と、また「その表現の中に異質なものが何も含まれていないとすれば解釈の要もない」ことも事実であって、異文化の解釈が生ずるのは、この二つの（不可能と不必要との）極の間なのである[34]。異文化の理解が行なわれるのもこの極の間であって、異文化の理解とは正解へ向っての限りのない問いであり、それはいつしか調査者にとっての非日常的な世界を日常世界へと変えてゆくこと、つまりは相互主観の世界を成立させることを意味する。この点で、人類学研究とは永遠の問いかけなのであり、問いを発することによって意味の生ずるものなのである。

（1） B. Malinowski, "Myth in Primitive Psychology," *Magic, Science and Religion, and other Essays*, Free Press, 1948, p. 152.

（2） P. K. Manning and H. Fabrega, Jr., "Fieldwork and the 'New Ethnography'," *Man*(N. S.)11, p. 39.

（3） B. Malinowski, *A Diary in the Strict Sense of the Term*, London, 1967. これはポーランド語で記された彼の初期のフィールド・ワーク期間中の日記で死後未亡人の手によって刊行されたもの。マリノフスキーの動揺する心が赤裸々に示されているところが評判となった。一人の戸惑い悩みながら従事するフィールド・ワーカーの姿が浮かび上がってくる。

（4） A. Kuper, *Anthropology and Anthropologist*, London, 1974, p. 50.

(5) M. Gluckman, *Politics, Law and Ritual in Tribal Society*, Basil Blackwell, Oxford, 1971, p. 30.
(6) *Ibid.*, pp. 30–31.
(7) J. A. Barnes, "Some ethical problems in modern field work," in D. G. Jongmans and C. W. Gutkind(ed.), *Anthropologists in the Field*, Van Gorcum & Comp. N. V., Assen, 1967, p. 195.
(8) 前掲の日記にそのことは詳しく示されている。
(9) Barnes, *op. cit.*, p. 191.
(10) C. Geertz, "From the Native's Point of View," in K. H. Basso and H. A. Selby(ed.), *Meaning in Anthropology*, Univ. of New Mexico Press, 1976, p. 222.
(11) A. N. J. Den Hollander, "Social Description: the Problem of Reliability and Validity," in Jongmans and Gutkind(ed.), *op. cit.*, p. 25.
(12) Barnes, *op. cit.*, pp. 196–197.
(13) Geertz, *op. cit.*, p. 222.
(14) Barnes, *op. cit.*, p. 201.
(15) C. Geertz, "Thick Description: Toward and Interpretative Theory of Culture," in *The Interpretation of Cultures*, Basic Books, N. Y., 1973, p. 14.
(16) Geertz, *op. cit.*, pp. 9–10.
(17) P. Winch, *Idea of Social Science*, London, 1957. 森川真規雄訳『社会科学の理念』新曜社、一九七七年。
(18) B. Malinowski, *Argonants of Western Pacific*, London, 1963.
(19) Geertz, *op. cit.*, p. 10.

(20) G. Foster, "The Social Anthropological Field Experience," *Kroeben Anthropological Society*, No. 39, Fall 1968, p. 8.

(21) Foster, *op. cit.*, p. 8.

(22) *Ibid.*, p. 9.

(23) *Ibid.*

(24) *Ibid.*

(25) M. Watson-Franke and L. C. Watson, "Understanding in Anthropology : A Philosophical Reminder," *Current Anthropology*, Vol. 16, No. 2, June 1975, p. 250.

(26) *Ibid.*, p. 251.

(27) *Ibid.*

(28) *Ibid.*, p. 252.

(29) *Ibid.*

(30) *Ibid.*, p. 251.

(31) A. Hanson, *Meaning in Culture*, London and Boston, 1975, pp. 5–6.

(32) Watson-Franke and Watson, *op. cit.*, p. 251.

(33) *Ibid.*

(34) *Ibid.*（いわゆる「エスノサイエンス」に対する批判はここでは触れなかったが、もちろん、このエッセイの論点からいって、批判点は含まれている。ワトソン＝フランクとワトソンも指摘しているように「正しい質問」と「正しい解答」というリジッドに決められた調査形式自体が前理解の問題を捨象してしまっているわけである。この分野の研究がさほど影響をあたえることなく衰えてしまったのはそのあまりにも疑似科学的な方法的前提にあるといってよいかもしれない。有力な批判は、G. Psathas, "Ethnomethods and Phenomenology," *Social Research*, 1968, pp. 500-520 に展開されている)。

文化翻訳者の課題

両義性と多元性

人類学者は社会科学の天文学者《アストロノマー》である、とレヴィ＝ストロースはかつていったが、その意味するところは、人類学者の仕事が、その研究対象の規模と距離からして、他の研究者が直接取り扱っている対象が属するのとは非常に異なった世界のために意味を発見することに、向けられているのだということである。

一見、直接には係わり合うこともない無意味にみえることとの中に意味を見出してゆくという作業は、基礎的な科学に従事する者の前提であるが、レヴィ＝ストロースが人類学者の仕事を天文学者のそれに類比させたことは、その発見の衝撃的な思想的影響とは別に、やはり「文明」対「未開」という二項対立的図式がその意識の根柢を支配するものとして抜きがたく存在することを明示するものに他ならない。彼を中心とする「構造」研究者たちが企てた「価値」の逆転も、結局のところ、その天文学者との類比が示すように、対象である「星群」が研究者の主体と何ら係わりをもたない被観察の実験物体と同列のものとしてしか取り扱われていないという事実による制限を受けている。価値の逆転がわずかながら起ったとすれば、構造主義を唾棄すべきものとさえ憎悪する機能主義者の中心人物の一人であるマイヤー・フォーテスでさえもが手放しで喜んでいたように、これまで他の諸学からうさん臭くみられていた人類学者のアカデミー内部における地位向上にそれが役立ったという側面で最大に評価されるべきものといってよいであろう。レヴィ＝ストロースは人類学者を学界における「不可触民」の地位から解放した。だが、どこでも同じことが起るのはこの種の現象の常として、いったん、解放されてしまうと、すぐさま人はその解放者への恩義を忘れてしまう。いや、解放されたとはまだまだとうていいえないのに、もう忘れようとしているといった方がよい。

しかし、新しい世代の人類学者にとって問題はまた違った形をとり始めてきた。レヴィ＝ストロースがあれほど固執する「科学《シアンス》」というものの前提が必ずしも明らかでなくなってきたのだ。

現代の人類学者を襲う奇妙な矛盾と混乱は、異文化世界の探求において、これまで人類学のみならず広く「学問」一般において自明の前提とされてきた研究上の要諦が、その土台から崩れてくるという存在の「危機感」に基づくものである。

これは、いく度か「危機」を叫ばれつつも何となく乗りこえてきた他の伝統ある大学問ではまだあまり意識されていないことであろうし、あるいは人類学特有の問題現象ということができるかもしれないのであるが、少なくとも私にはいずれ人類学の枠内だけの問題でおわり、また解決すればすむというものではないように思われる。科学－学問全体の存在前提にかかわることだからである。

この存在の危機ともいうべき問題とは、学問研究の前提となる基本的な態度の混乱に由来する。すなわち、これまで当然のことと信じられてきた観察者＝調査者と被観察者＝被調査者という枠組への疑問が、主観と客観という、より根本的な問題への疑問へと還元されずにいないということなのである。

人類学においては、これまでフィールドにおける調査を通しての「資料蒐集」と「理論構築」とを別々の場に分けて行なうことが当然とされてきた。そこでは研究の主体と被研究の客体とが截然と分けられるものであるとされ、それがゆえに研究の客観性が保持されるべきものと考えられ、行なわれてきた。フィールドにおける人類学者の営為は、それほど客観的なものであるはずはないのであるが、科学研究は客観的であるべきであり、観察者＝調査者が「状況外」的立場を執ることがそれを可能にし、また、と同時に学者の立場をも正当化するという学問論理があった。

だが、この論理に徹するためにはフィールド・ワークに従事する人類学者自身は透明人間となって、自らを非人間化しなければならないことになる。しかも、被調査対象もまた非人間でなくてはならない。人間ならば非人間をまともに相手にする道理がないからだ。向うにこちらが見えずして何の相手になるというのだろうか。

一度、研究と被研究の両主体の間の氷が融けはじめて、その間に関係ができてしまえば、透明であろうとすることは無意味となる。というのも、もともと透明でありうるはずがないからであり、またそうであるかのように振舞うことが人類学研究という虚構の前提にほかならなかったからであり、それを支える強固な基盤が「近代文明」という暴力であったからである。

こうした虚構そのものの前提に対して疑うことを人類学者が自らの裡に許してしまったとき、問題状況はまったく別の様相を帯びてこざるをえなくなった。人類学者の営為において、資料蒐集と理論構築とがフィールドにおける不可分の問題として立ち現われてくる。ヨハネス・ファビアンが指摘するように[1]、資料の区分・吟味・記述それ自体が高度に問題提起的なものであって、それに従事する人類学者は批判的な存在とならざるをえないのである。すなわち、それは知識を得、資料を蒐める研究主体自身が研究の対象との問題提起的な相互交流関係に入ることを意味する。そこにおいては主体―客体の区別が拒絶され、その替りに相互交流的過程の世界が出現する。この世界とは、人類学者と彼への資料提供者とが互いに一つの「生活世界《レーベンス・ヴェルト》」を構成するところに他ならず、しかもここに成立する「生活世界」それ自体が人類学の研究対象となるのである。そこでいわゆる実証主義の方法論、すなわち、観察者と被観察者との間を区別する方法とは対立せざるを得なくなるのは当然であるが、いまやフィールド・ワークは調査でなく経験となり、この人類学的経験は現象学的レベルのものとして捉えられることによって「相互主観性」の問題として位置づけられずにいないのである。人類学者が観察し資料を蒐める「対象」は、「相互主観」的な交流の中から出現してくるべきものであって、それ以前の一方的な直流経験に基づくものであってはならない。

研究対象である民族と文化の社会的現実《ソーシアル・リアリテイ》とは、そこの人々と人類学者との間に成立する機能そのものなのだ。実証主義者のいう客観性、つまり社会科学を支配する客観主義の神話はこの点から批判され、その存立の基盤への挑戦をうける。客観性は理論上の論理的整合性にもあるがままの資料にも存在するものではない。まさにそれは人間の相互主観性の基盤の上に成立するものである。

客観性というものが存在するとすれば、それは人類学者自らが対象との相互交流のコミュニケーションのコンテキストの中に入ってゆくことによってはじめて達成可能となることなのだ。

だが、このような人類学者とはフィールドで一体どういう存在なのだろうか。人類学者がいるということは当の社会でまた文化でどのようなことを意味するのだろうか。

人類学者は異文化の実地研究に際して何よりもすべての事象に意味《いい》を見出そうとする。ヤン・プワーはこうした人類学者の態度の理由として「彼らが異人《ストレンジャー》の価値観をもっているからだ」と指摘している(2)。人類学者はその学問訓練によって彼ら自身のものとは異なる行動様式の意味を研究するように条件づけられている。原理的には研究対象とする異なった行動様式が遠くの見知らぬ社会に見出されるものであれ、また同じ民族伝統に属する僻地の社会に見出されるものであれ、事情は同じである。明らかに人類学者が担う異人としての価値は、異文化社会なかでもとりわけ未開社会においてもっとも明確となり強力となる。だが、これはそもそも人類学者が自らの職場においてすでに担わされていることでもある。職業上の訓練を受ける見習い期間全体にわたって彼らはこの異人の価値観を身に着けてゆくのだ。それは同じ知的環境においてすでに他の同僚たちの間で少なからず異彩を放たずにはいないことなのである。

　フィールドに入るとこれは増幅され、彼らは巻き込まれると同時に突き放された位置を味わわされることになる。ここに二重の異人性が付け加えられる。いまや彼は彼自身の文化にとっても異人となってしまう。巻き込まれ、状況に埋没してゆけばゆくほど、彼はどっちつかずの身分に深入りすることとなり、しかも彼の受けた訓練の教えるところは、この状態に突き進むことこそ「直接参与法」の理想に近づくことなのである。だが、それの度合が重なるにつれ彼の存在自体が両義的となり、多次元的な存在のレベルへと引き裂かれてゆく。だが、こうした内的外的な分裂を経験することによって、彼はどうなってゆくというのだろうか。異人であることに留まるべきなのか。ある種の打ち消しがたい痕跡というものは不可避的に遺る。違和性はぬぐい払えないかもしれない。異人の価値観とは一体何であろうか。

　アルフレート・シュッツによれば異人の特質は次の二点に集約される(3)。すなわち、一、その客観性、二、忠誠心の薄さ、である。シュッツによると、まず第一の点は異人が客観的であるのは「部族の神」を崇拝しないことやその文化の型の矛盾や不統一に対して感じやすいこと、また万事に批判的であるからだけではない。自分が外からやって来て属することになったその集団―社会に対してそれまで自分が属していた故郷の集団の尺度を当てはめようとするからというよりも、新しい環境の一切を知ろうとする欲求に基づくものであって、その集団内に属する者が自分たちだけの説明で充足していることを明確にさせようと試みるからである。だが、異人が客観的であることのより深い理由は、彼が味わってきた「普通に考えること」の限度の体験、それは人が地位を失いまた規範や歴史さえも喪失することがありうることを教え、正常な生活様式とは見かけよりもはるかに脆いものであることを教えてきた経験そのものの中にあるのである。だから、異人は集団内の人々が習慣となった生活様式の存続を疑うことなく見過してしまうような危機の徴候を、つまり「世界」についての比較的に自然な概念の基盤のすべてを脅かすものを、悲しい明晰さで見分けるのである。この意識の明晰さ(集団外にある者としての)こそ異人の表徴の最たるものに他ならない。次に第二の点であるが、その集団—社会に対する帰属感が薄く忠誠心がないことは、異人に対する偏見以上のものとなって集団内の人々の異人に対する態度の核心となる。この異人の忠誠心の薄さへの疑惑は、彼が自分の本来属していた文化の型の替りに新しい集団—社会の文化の型を採ることに不本意であったり不適応を示したりするときにもっとも強く現われる。こうしたとき、異人は「境界人《マージナル・マン》」となる。どちらに属してよいかわからない二つの集団の間に取り残されるのである。だが、異人の忠誠心のなさへの疑惑は多くの場合、集団内の人々が、自然で適正な生活様式でありもっともよい問題の処理法であると信じている文化の型の全体を、異人がすんなりと受け入れないことへの驚きに発している。そこで異人は不誠実であるとされ、当然彼を保護するはずの文化の型を彼が拒むことはおかしいと感じられる。だが、この集団内の人々の感じ方は異人にはわからない。というのも、新しい文化の型へと移行しつつある異人にとってはそれは必ずしも自分を保護してくれるものとは思われないからであり、むしろその渦中にあって彼はこれまで彼のすべてを規定してきたものを失ってゆくと感じているからである。

　人類学者は常にフィールドにあってこのような異人の立場を経験せずにはいない。もちろん、異人といってもその場合一過性のものにしかすぎず、またシュッツが示すような本格的な異人の酷しさは求むべくもないかもしれない。人類学者はほとんどの場合、本国を背景にすることによって手厚く保護されており、またその存在は「まれびと」的でさえあり、少なくとも「客人」の待遇は受けるからだ。それも人類学者の認識はその本国においてすでに異人としての特徴を帯び、彼の中からはフィールドへ巻き込まれてゆけばゆくほど忠誠心は失われてゆくのが自然であるはずだ。植民地主義とか帝国主義とかの「傘」をさしている場合でないならば。

　しかし、人類学者はやがて異人であることに不満をいだくにちがいない。異人であることは人類学的認識にとって決して有益であることにはならない。主観―客観の区分がフィールド・ワークにおいて截然と分かれていて疑われなかった時代には、この異人性は大変有益な部分があった。むしろ異人であらねばならない側面があった。だが、人類学的研究における客観性というものが、調査‐被調査の二元性を通して得られるものではなく、対象との相互コミュニケーションのコンテキストの中へ自らが入ってゆくことによってはじめて得られるようになるものであるということが理解されてくると、そうした「異人」論はもはや通用しないからだ。もっとも、異人性は基本的に必要なものであることは事実である。だが、相互コミュニケーションのコンテキストの全体性から離れて「現実」というものを理解することはできない。しかも、この全体性とは一つの生成過程に他ならず、決して論理的な調和性といったものではない。それに加えて、現実の意識は常に現象との生《なま》の相互作用から生れるものであり、一般化そのものが一つのコミュニケーションの過程であって、「他者」の心性のコンテキストの外側にあると想像されがちな抽象的な心的機能ではないのである。現実の詳細は外側からの観察によって得られるものではなく、まさに全体性がそれ自体を現実化してゆく過程の結果として現われるものなのである。

そこで「相互主観性《インター・サブジェクティビティ》」という考え方《カテゴリー》が必要となってくる。このカテゴリーもシュッツによって提示されたものであるが(4)、「相互主観性」とは、一般的にいって、さまざまな個人にとって共通で(とくに知覚的に)あることを示す一つのカテゴリーである。すなわち、日常生活において、個人は他者の存在を認めている。彼はそれらの他者たちが基本的には自分と同じような存在であるという仮定の下に考え行動している。この仮定は意識や意志や欲望や感情などが共通して賦与されたものであるという自己中心的理解に基づくものなのだ。この仮定と理解は生活体験の進行において、原理的に「正常な」状態にあっては、互いに接触しあう人々はお互いを少なくとももうまく相手を成功裡に取り扱うことができる程度には「理解」できるものであるという確信をはっきりとさせ強化する。こうした「了解」の成立について、問題となるのは、一、自分の心の中で私自身の「自己」と基本的に同じ特徴を有する「自己」としていかに他の「自己」が成立するか、二、どうしたらもう一つの「自己」との交流がうまく行なえるだろうか、あるいは、私の他者「理解」の経験と他者の私「理解」の経験とはいかに構成されるのか、の二点である。

人類学者は、フィールドにおいて、異人である状態から一歩を踏み出して、このような問いを発しながら相手の人々(そして文化)との間に「相互主観性」の成立を求めてゆく。それが成功するかどうかは、ひとえに彼が自分の「自己」(そして文化)を犠牲に供せられるかにかかっている。もちろん、この犠牲は「自己」(自文化)の放棄や断念とはちがう。ただ、他者との全体的なコミュニケーションのコンテキストに入ってゆく「過程」として、彼の前には辛いイニシエーションの儀礼が待っているのである。だから、相互理解のためのコミュニケーションの全体性へ至る途は狭く、万人に向って開かれてはいない。また本来人類学者の認識対象は文化の項目全体にわたって広がるものではないのである。それはいま一つの認識の方法である。あまり報われることはないが、少なくとも得難い経験としての。

(1) J. Fabian, "Language, History and Anthropology," *Philosophy of the Social Sciences*, 1, p. 34. (この論文については、I. Jarvie, "Epistel to the Anthropologist," A. A., Vol.77, No. 2 によって教えられた)。

(2) J. Pouwer, "Signification and Fieldwork," *Journal of Symbolic Anthropology*, 1, p. 2.

（3） A. Schutz, *On Phenomenology and Social Relations*, ed. H. R. Wagner, The Univ. of Chicago Press, 1970, pp. 39–94.

（4） *Ibid*., p. 319.

文化翻訳者の使命

1

二十世紀の最後の四半期に入って、人類学はようやくわが国においても、どうにか学問的定席をもつことができるようになったかの観がある。

自己の存在についての懐疑など露ほどももたないような大学問の伝統の中で育ってこなかった者のひがみっぽい観方からすれば、いくつかの大規模な国立大学における講座の設置の動きと、なかんずく民族学博物館の創設とは、「食えない」好事家の趣味であると目されていたところのものを、一挙にアカデミー内部の売り手市場に転換せしめるような様相を呈しはじめているといってよいかもしれない。人類学先進国である欧米、とくにアメリカやイギリスの場合にみられる一種の衰退現象とは対照的に、いまや日本においては人類学は興隆期に入ったと見立てることもできるであろう。それだけに「成り上り者」特有の感受性の粗っぽさが目立つのは否めない。

人類学者の末席に連なる一人として、この景気の良さは全般的な不景気の中にいるだけに何としても素朴に喜びたいものであるが、といって、この学問のさしかかっている問題状況を専門家の領分にかかわりあう身として考えると、いささかひんやりとしたペシミズムが心のどこかに澱むのを感じないわけにもゆかないのである。繁栄はもちろん喜ばしい。当の私自身がその恩恵をこうむる身であることをはっきりと認めた上で、むしろそうであるからこそ、問題はかえって深刻なものとならざるをえない。

では一体何が問題なのであろうか。私自身の短いこれまでの人類学教師の経験においても、一時期の文学青年の熱情にも似たものをさまざまな形における「人類学」青年の出現に感じて驚かされたことは再三であったというのに、またこの人類学という大学でなければ勉強できない学問でありながらその機会が広くは与えられていないという苦情に弱り果てたこともままあったのにもかかわらず、喜ばしき興隆期に際して、諸手を挙げて賛同する以外に何をいうことがあるのであろうか。

しかし、日本の多くの顕在的潜在的人類学者がいつしかわがもの顔に現今の社会学者が示しているような「通りのいい顔」を示しはじめる契機の到来したそのときにこそ、実は内在的な批判もまた行なわれはじめなければならない。もっとも、ここに私が記す若干の問題も、それが何らかの批判を含むものとすれば、それは批判というものが元来、アドルノの言をかりるなら、言うに言われぬものから人々を守ろうとせずに、ものを忘れたい欲望にかられるものである以上、私もまた真の困難を、そのものに自分自身の生の営為がかけられているという絶対的条理をば、瞬時の裡においても忘れたいという欲望に由来するものでないとはいい切れない。

2

エドマンド・リーチは、現代社会人類学の直面する困難は、この学問が一九二〇年代の「人類学革命」以降の出発点において、その時期はとりもなおさず科学としてこの学問が定立することを意味するものであったのだが、二つの誤てる出発の仕方に由来するものであると指摘している。この点は遅れて出発した日本における状況を考える場合にもその加速度的な発展ぶりを考えれば十分あてはまるし、このいかなる流派にもまた体系内の自己充足にも甘んずることのかつてない、人類学者としては稀にみる「批判的精神」の持主の指摘には、ここで触れるかぎりにおいて、まったく賛同する以外にないのである。というよりも、私が感じている人類学の問題状況をこれ以上的確には語れないからであり、しかもここに指摘された問題状況の説明がおわったところで、それを出発の手掛りとして、次に今度は私自身がリーチを離れて、さらに突っ込んだ問題提起をしたいからである。リーチの紹介が長くなるのは、彼の論述を要約する形で、私自身の問題を述べることを、それが意味することになるからである。

リーチは「われわれ自身と他者たち」(タイムズ文芸附録一九七三年七月六日号)と題するエッセイ

において、サルトルの『出口なし』の主人公の言葉「他者は地獄だ」に対するレヴィ＝ストロースの応答「われわれ自身こそ地獄だ」を紹介して、だが、両者において「われわれ自身」と「他者たち」の間のダイコトミーは依然として決定的なものであるといい、「他者性」の基本的な性質の解明こそこれからの人類学者のなすべき仕事であると指摘して、これまでの誤てる出発点を次の如くあげる。

まず第一の誤りは、ラドクリフ＝ブラウンの主張で有名な、社会人類学と自然科学とのアナロジーを強調することにあった。ラドクリフ＝ブラウンはデュルケームの用いたメタファー、社会は有機体のようである、を事実の表現として用いてしまったのであったが、この社会の自然科学的研究という考え方はもともとリヴァーズが人類学に導入したものであって、ある定まった時期にある一つの場所で体系的に情報を蒐めるというフィールド・ワークの要諦は彼によって定着した。しかし、少なくとも、リヴァーズの考え方は社会人類学に単系進化論の枠をはめることを避けさせたという利点はあった。ダーウィン主義へのリヴァーズ、そしてエリオット＝スミス流の批判は、その今日からみれば途方もない伝播主義理論が物語るように、単系進化論と同じように素朴なものであって、それに満足しない人類学者は慣習の要素分解といったことよりも一つのまとまりある全体としての特定の人間集団の研究に向っていった。だが、一般的にはコントよりもダーウィンの影響が強かったこともあって、それは人間研究の前提にも反映し、動物の種の差異にも善悪の判断はなく、ただ単に異なるだけというう動物研究の科学的前提を人類学者は引き継いでゆくことになり、人間もまた種としてとりあつかわれ、そのちがいに優劣はなく、単に異なるだけという科学的態度が成立したが、それも束の間、進化論の常識化は、逆に非西欧世界の人間の進化の段階への位置づけという認識の陥穽をもたらして、極端なアパルトヘイト理論まで生むに至った。

このような背景をもってラドクリフ＝ブラウンの自然科学主義がでてきたわけであったが、ラドクリフ＝ブラウンにとっては科学のモデルはダーウィンにあらずリンネであった。彼にとっては社会組織の体系的なタクソノミーを作り上げることこそ人類学者の目的なのであった。この種の目的は今日でもまだ百科事典や入門書の類の見出しに用いられているものであるが、今日ではまともにそれを信じる者はまずない。だが、その結果社会人類学における自然科学主義の遺産として二つの概念が残った。一つはシステムという概念であり、他の一つは「法的人間《ジューラル・パーソン》」という概念である。「システム」に関していえば、社会の構成要素が動物の身体器官と同じ仕組で機能的に互いに依存しあうという説は、まったくもって単純化のしすぎもよいところであったが、デュルケーム→ラドクリフ＝ブラウン型の観方は社会科学において少なからぬ影響力をいまでも有しているといえよう。

「法的人間」についてはマイヤー・フォーテスの「法的規範」の強調に端的に示されるものであるが、彼によると慣習の研究とは個人がいかに自由に行動するかの記述ではなく、「社会的人間」に期待される規範的行動の記述であり、それは一つのカテゴリー内における慣行の枠内における個人ないし集団の記述であるべきなのである。人類学者は社会的人間の行動に関する慣習的規範を研究しなくてはならない。

こうした二つの概念を中心とする社会人類学者にとって、主要な課題は、この種の「規則・法則」の背後に存在する合理性を発見することであり、その合理性を維持し永続させるための社会的勢力の性質を理解することであった。それは何よりも客観的な存在としてあるべきものであった。疑いもなく、このような考え方で対象とする社会の慣習的行動を研究すれば何か客観的(実証的)な確証が得られるという前提に立って社会人類学者は研究を続けてきたのであった。だが、ラドクリフ＝ブラウン流の機能主義が結局のところその「実践＝研究」において親族と出自に関する議論のいや増す貧困を招いたからというだけでなく、このような自然科学主義と客観的法則・規則の追求にみられる「客観性」の盲目的な信仰に真の難題は存在する。「客観性」の幻想を疑うことなく追い求めるという態度の中に本来的には十九世紀的な科学的前提が覗けるのである。人類学者は、フィールド・ワークにおいて特権的な地位にある観察者として、彼が発見する「客観的事実」の選択と解釈をすることができる。彼の調査対象とする社会の人間は、実験室における手術台に置かれた解剖用の死体みたいなものである。彼の分析対象である法的人間は彼ら自身の意志をもたず、反論することもできず、嘘をつくこともできない存在として出現する。血のない人間しかそこにはあらわれない。

だが、人間の社会は実際はそのようなものではない。それは当然のことだが「もの」ではないし、機械でもない。社会人類学は科学ではあっても、それは人間に対する知識を得、また発展させるためのものであり、その方法はラドクリフ＝ブラウンが説いたような機械的な対象を研究する科学ではないのである。

リーチによると、第二の誤謬は、第一のものの一見反対にある。それはラドクリフ＝ブラウンと並ぶ機能主義人類学の巨頭マリノフスキーの方法に起因するものである。「客観性」の幻想の替りにマリノフスキーが創り出した社会人類学における幻想は、フィールド・ワークの参与観察《パーティシパント・オブザベーション》方法を通して、社会人類学者は研究対象とする彼自身が属するのとは異なった社会の完全なる主体的な理解に達することが可能であるということであった。マリノフスキーのフィールド・ワークの方法の特徴は、まず現地語で調査し、通訳を使わないこと、直接の観察と質問を重んじ、選ばれたインフォーマントだけを相手にすることを避けること、小規模の集団社会を集中的に調査することを中心として、その社会のすべてに精通すること、つまり、そこに住む人々すべてと仲良しになり、彼らの個人生活とその人格形成について知り、また血縁集団の成員や政治家としての、経済的な仕事や儀礼の行為者としての、彼らの社会的相互依存性を熟知することなどにある。マリノフスキーの目的は彼の研究対象である人々を「そこに存在する」対象としてよりも友人であり親しい存在として知ることにあった。だが、こうした意図は決して実現されたわけではない。マリノフスキー自身が、科学者として後世に伝えるべく事実を記録しようとする願望と、人間としてトロブリアンド島の日常生活に参加しようとする願望の間には両立しがたい溝があったことを、その日記の中で告白している。そして、この非両立性はマリノフスキーの道を引き継いだすべての社会人類学者が同様に認めざるをえなかった事実である。マリノフスキーの方法には、観察者であると同時に「参加する演技者」という役割が人類学者に課されていた。演技者は彼が自分自身をその中で見出す社会的システムに暗黙に含まれている規則に従うことを余儀なくせられる。マリノフスキーの個人俳優はその点より大きな自由を享受する。彼は自己の満足を最大のものにしようと努め、その土地の文化の規則に従った社会的なチェス・ゲームを行なうが、それはあくまでも勝つために行なうのである。彼はこうした演技はしても、決してそこの慣習に従属するものではないのである。

こうした参加者=演技者という人類学的人間に関する経済学的モデルは、レイモンド・ファースとフレデリック・バルトによって発展させられたが、その基本的な限界は、そうした演技を行なう場合、演技者は直観的に「他者」(被観察者)に対してある種の心理的な動機を与えてしまうが、その内容と付与の仕方はまさに演技者=観察者自身の文化的背景から生ずるもの以外の何ものでもないということである。マリノフスキーはこうした仕方を、相互作用の原理として取り扱い、人間に普遍的な原理としたわけであった。

3

リーチは以上のラドクリフ=ブラウンとマリノフスキーの方法論に含まれる誤謬を指摘した後、さらに二つの問題を付け加える。一つは人類学者の植民地行政への助言者としてのコミットメントの問題である。それは、例えばマックス・グルックマンに代表される中央アフリカ研究派＝マンチェスター学派の社会人類学者にみられたように、研究の出発点から何らかの形で植民地行政とかかわりをもちまた政治的であったが、結果的には彼らの立った側が「抑圧者」よりもむしろ「被抑圧者」の立場に近かったという事実があるにせよ、彼らの観点は基本的には機能主義に基づく社会の「均衡論」の枠組に制約されたものであって、彼らが集中的に調査研究した「社会的葛藤」と「法的矛盾」の問題も常に「葛藤的解決」(葛藤—分裂—再統合)によって解明され、革命によるそれらの可能性は追求されることはなかった。しかも、もっとも紛糾した悲惨な状況をとらえるに際しても、それはイギリス法律学からとってこられたいくつかの専門用語を当てはめることによって理論化されたのである。こでも「他者」は常に観察者の属する社会的背景の中でとらえられ、「モデル作製」は外部から来た調査者の特権とされて、調査者自身のものであるカテゴリーと言語がその分析のために用いられた。

いま一つの問題は、レヴィ＝ストロースの構造主義の問題である。レヴィ＝ストロースが社会人類学にもたらした問題提起は、人間に関するもっとも人間的な事柄は、人間は互いにコミュニケートしあうが、それは単に記号や信号によってだけでなく、人間の言語を構成するメタファー(暗喩)とミタミニー(転喩)の圧倒的に複雑なシステムによるものだという指摘である。この指摘の意味するところは、文化システムを秩序づけるものは言語の場合と同じく一つの構造だという考え方である。もしわれわれが「他者」の文化的に決定された行動を理解しようとするならば、合理性を構成するものだとこれまでア・プリオリにされてきた、われわれ自身の偏った観方を彼らの行動に投射しようと試みるだけでは不十分である。多くの人類学者が行なってきて、またいまでも行ないつつあるような、そうした仕方の理解は、実験心理学者が実験用のネズミを前にして感情移入を行なうのと同断である。

これまでにふれた機能主義者(その変形としての構造＝機能主義者も含めて)の方法は、すべてこの種の実験に終始する「観察者志向型」のものであった。レヴィ＝ストロースにとってこれこそ肝心な点である。われわれは「他者」の行動を直観に訴えて解読することはできないし、同様に、明白な行動についての断片的な客観的解釈にも満足できない。

リーチは、こういうレヴィ＝ストロースの提起した問題を「他者」理解のこれまでにおける一つの到達点とみなしながら、社会人類学の問題は、「他者」の文化の「文法」に到達して、その言葉のではなく、その詩的意味《ポエティック・ミーニング》の翻訳を達成することにあるというのである。社会人類学者は「他者」の進化論的な劣性に位置づけてこれを実験台の死体と見立てて観察(ものとして)することから始め、次にその反対にすべてが同じであると主張したが、これは相手の内実を忖度することなしに、「われわれ自身」と同じ動機・心理を有するものと一方的に決めつけることによってであった。しかし、こうした二極的な理解方法によっては結局「自」と「他」の差異は解決されることはできなかったのである。

リーチは、いまや本質的な問題は、こうした文化の翻訳作業にあることが理解できるようになったという。翻訳に容易なものはなく、完全なものを望むことはできない。だが、実用目的のためにはたとえいかに難解なテキストであろうが比較的満足できるものならできないことはない。言語は各々異なるが、それはすべてがまったくちがうというほどではない。このように考えるならば、社会人類学者にとってはいまや文化の言語の翻訳のための方法論を樹立することこそその中心課題たるべきものであろう。

4

以上にながながと触れたリーチの見解は、細部的なことは別とすれば、その大意において妥当であり、これからの人類学のあり方を考える上で、大変示唆的である。

しかし、リーチが指摘するような誤謬はあったにせよ、この近代以降の時代において、人類学が欧米中心の価値観・人間観の中にあって、他のいかなる学問・科学におけるよりも、その西欧中心思想の偏向から自由であろうと努めた学問的・思想的努力は評価されなければならないものであろう。今日においても欧米だけでなく、わが国においてさえ笑止なことに、そうした価値の偏向が根強くはびこっていることを考えれば(それはほとんどの科学に当てはまる。奇妙なことに、マルクス主義的なものも含めて社会科学者に――何と第三世界論を説く輩の中にも――この奇妙に倒錯した優位意識は濃厚にみられる)、私がここに記したリーチの批判は、人類学内部の批判をこえて、人間の科学に従事するものすべてに向けられる必要があろう。

しかし、人類学者を今日取り囲む環境は、この点に関してまさに逆説的だといわねばならない。真に偏向のない「他者」理解が可能であるかは永遠の難問であろうが、可能なかぎり偏向をなくそうという人類学者の試みは必ずしも現在の世界においては歓迎されるとはいえないばかりか、むしろそういう試みに対してはいたるところに敵意が待ちかまえている。私がはじめに述べたペシミズムはこのような「純正な」人類学者を取り囲む条件にも由来するのである。

まず「他者」(私の言葉では異文化としたい)理解に赴く前提としての調査費用は、文化の翻訳が目的であれば、まずいかなるところからも出ないという事実があろう。何らかの実用目的、利益につながる成果、政策・商策に即したこと、などの条件を口にしなければ、費用の調達はかなうわけもないのが現実だ。公平な学術目的を追求するための官費の要請にしたところで、例えばこれは又聞きで確かなことではないが大いにありそうなことなので記すが、学術調査の対象として「一千万」以下の人口単位をもつ民族・社会は切り捨てよ、という主張がその審査場において強力になされるというのが現状だそうである。その真意は明らかでないが、常識的にいってコンマ以下の人々など研究しても何にもならないということだろうか。そういう形での切捨てが行なわれれば、人類学者の対象とする人人の大半は規格外れとなって、いずれにしても、人間の追求は打ち切られる。その議論の先は、いうまでもなくローゼンベルクの人種論に直結している。文化の翻訳は、その内的外的な意図において、自民族中心主義からもっとも自由な地点を到達目標とするものにほかならない。

さて、もし何らかの偶然から費用がまかなえる事態が起ったとして、これまでの人類学者が対象としてきたような社会そして国家での実地研究を実現させようとすると、そこにはもう絶望的な困難が立ちはだかっている。第三世界の諸国家は、皮肉なことに開発に直接結びつかない実地研究など、まず見向きもしない。それも道理で、アラビアのロレンスの活躍のきっかけとなった中東での考古学発掘調査団の故知にならうかのように、とくに五〇年代―六〇年代の東南アジアでは人類学調査に名をかりた戦略行為が公然と行なわれたこともあって、異文化の理解を標榜する人類学者の目的など曖昧なものの代表とされてしょっぱなからうさんくさい眼でみられてしまうのである。例えば私が親しく接してきた東南アジア地域においても、今日では正面からの人類学調査などどこの国でも許可するものはない。何か特別な個人ルートでも通さないかぎりそれは不可能である。もちろん、個人ルートなど邪道であり、こうした状態からまたぞろこのあたりで「顔がきく」商売学者がのさばる季節ともなっている。だが、よしんばそうしたルートで入れても、目的の詐称は否めない。まともな理由ならば、通らないのが道理だからである。

そして、こうした難関をくぐり抜けたところに待ちかまえるのが、リーチの批判に示される人類学の目的と方法の問題なのである。

私はリーチの批判と指摘には賛同するが、リーチは問題を示しただけで実際の解決は与えてくれていない。リーチは文化の翻訳を人類学者の課題として示したが、それが何故必要なのか、その終極の目標については語っていない。また私の考えでは、ラドクリフ＝ブラウン流の考え方は全面的に否定したいが(人類学における疑似自然科学主義の横行ほど嫌悪すべきものはない)、マリノフスキーのフィールド・ワークの方法に関しては、少なくともその結果はどうであったにせよ、そこから出発してその方法の改良は可能であると思うのである。もちろんその場合、デュルケーム流の考え方(社会をものとしてとりあつかうこと)は排除されることが前提であろうが、その点に関しては私自身の若干の経験を通して論究しなければならない。

しかし、私はここでリーチが中途で止めてしまった問題(このエッセイ以降に発表されたリーチの著作のどこにも、私の知り得たかぎりでは、この問題の発展的な論述はない)、すなわち「文化翻訳者」たる者の使命についてリーチが止めた地点から引き継いで考えを進めてみたいと思うのである。副次的な形ではあるが、それを進めながらフィールド・ワークの新しいあり方についても改めて考えてみたい。それこそ「純粋文化」の問題なのである。

「純粋文化」の探求

1

「人類は一種、文化は多様」とは、現在準備中のオランダの出版社が企画した浩瀚な「世界人類学」叢書の広告用キャッチフレーズである。

今日では中国人も日本人もフランス人もサカイ人もブッシュマンも同じホモ・サピエンスであり「人間」であることを疑うものはいないであろう。生物学的な種として人類の同一性はいまや常識である。

しかるに、文化的に同一性があるとは容易にはいえないし、むしろ差異性の方が全体としてはよく認識されているといってよいのではないだろうか。

同一性を求める基準は決して一定ではないのである。人類は一種といっても、それはあくまでも生物学上の特徴についての基準からすれば話であって、平たく言えば、サルとは違うというだけのことである。だから、サルとは違うという点では同じだが、その他の点では同じではなく、別のものであるということはいくらでもできる。

実際問題として、知識の上ではたとえ人類の同質性を信じ、かつヒューマニズムを説き、人類の平和を論ずる人たちも、心性の上ではどこまでそれを本当に信じているかは疑わしいのである。ヨーロッパで発達した近代ヒューマニズムの教えが、現実的には完全なるヨーロッパ至上主義に立つものに他ならず、他の文化に属する人々をサルとは異なるが「人間」(少なくともヒューマニズムの対象としての)ではないとみなしていたことは歴史的事実であって、それが今日もはや解消されたとは決していえないにちがいない。この至上意識はアメリカ文明の中で拡大再生産されて、強力な科学文明の力によって増幅され推進されているといってもよいかと思われるのである。テレビでようやく放映されたベトナム戦争をめぐるアメリカ人の反応の記録である「ハーツ・アンド・マインズ」を観た人なら、これは容易に納得のゆくことであろう。

だが、それをアメリカ人の問題として眺められる立場にありそうもないのが、これまでの日本人の場合である。近代日本の特徴の一つは、異民族に対する優劣の区別が殊の外激しかったことにある。極端な「拝外思想」と「排外思想」の交錯が近代日本の知性を支配した構造的原理であった。こういう極端さ、つまり「拝欧」と「排亜」の二極性がこれほど鮮明に浮び上っていることはまさに日本的現象であり、しかも今日でもあまり原理的に変化がみられないのである。

2

異文化・異民族を理解しろと一言でいってもその実現は容易ではない。隣の他人のことだってよくは解らないのにましてや異国の他人を、といってしまえば身も蓋もなくなるが、「あいつは人間ではない」とか「人間だ」といった類の表現は、そのときどきの評価基準において、プラスにもマイナスにも用いられる。そして、このような表現がイデオロギー的に政治手段として用いられると、それはもう止まるところのない暴虐へと人間の行動を駆り立てる衝動と化してしまうのである。それはしいをつけられた異民族の抹殺であり、異文化の破壊へと直進するのである。人類の歴史はこうしたことの繰り返しであった。

しかるに、異文化・異民族を理解しようとするよりは排斥しようと絶えずしてきた一方では、異文化を受容し異民族と接しようとしてきたことも事実であって、常に異質の相手に対して愛憎こもごもの態度にあったのが今日に至るまでの人類の姿である。

そこでは常に異質の相手に対する関心が、好奇心か攻撃・防禦のいずれかに基づいていて、理解も利害の線に沿ったものに終始していた。異民族制圧のため、商取引のため、女性の交換のため、そして植民地支配・帝国主義支配のためといった「利害」である。だから異質な人間を迎える場合、それは敵か客であった。後者の場合、客は特別な意味を担っていた。古代ギリシアでは、主人と客と異人との間に区別はなく、この三者を指して同じ言葉を用いていたが、それはこの三者は区別できないものと考えられていたからである。ホーマーの時代には宿というものはなかったから、何らかの理由で異郷を旅する人は見知らぬ人々の厚意に頼らねばならなかった。そうした異人の来訪に際して、それを逐い帰すことはできたが、そうすることは悪いことだと考えられていた。異人の来訪を歓迎しないことは、神を識らぬ者の行為であるとみなされていた。何故なら、「すべて異人も乞食もゼウスから出る」からであり、「ゼウスこそ異人のパトロン」であったからである。そして、異人にはゼウスが付いているものと信じられていた。いや、単に神が異人とともにあるだけでなく、異人こそ神であることはしばしばあり、海岸に漂着した異人といえども粗暴に扱うことは危険であった。異人の姿に身を隠した神が人間の実情を探りに来ることは大変現実味を帯びた出来事であった。オデュッセイの話はこれを象徴するものに他ならないが、異人＝客人は主人の主人であるとされ、それは神性を帯びたものとして考えられていたのである。このような神性説はさまざまなところにみられるが、インドでは異人ないし客人は神をともなう人ではなくむしろ神そのものとされていたことが知られている。ウパニシャドにみられるように異人＝客人は「すべての神々にとり囲まれている」存在なのである。未開社会も例外ではない。フィジー島では異人のことを「ヴランギ」とよぶが、この言葉は「天の祖先」ないし「天の神」を意味するものである。A・M・ホカートはフィジー島に伝わるランギ女王の伝説にオデュッセイとナウシカーとの出会いとの類似現象があることを指摘している。すなわち、この女王は怪鳥によって無人島に落される。そこで一人の男とその息子とが彼女を見つける。彼らは女王を精霊か女神とみなして、「あなたはそこに精霊として立っておいでになります。われわれは人間としてまいりました」と話しかける。彼女はそれに答えて「あなた方は精霊としてこられました。私は人間としてここに立っています」と答えるのである。

ホカートによると、異人―客人―神性説の原因は親族原理に求められることになるが、「まれびと」信仰はわが民俗学の説くところでもあって、必ずしも「並行関係」によるものだけとは思えない。珍しい異質な存在を「客人」としてもてなし「来訪神」としても考えることは、閉鎖的なコミュニティにおける例外的な出来事に対してそれを秩序の中に組み込むための論理化の問題としてみれば決して奇妙なことではない。敵か客かは構造的には同一レベルにおける論理化の問題である。いずれの場合も遇し方が一歩間違えば危険《い》となるのである。

3

ところで、これまで異質社会で一人フィールド・ワークに従事する人類学者はまさに「まれびと」であり「異人＝客人」であった。人類学者は本来的に異質な人間（つまり有色のトロブリアンド人に対して白色のマリノフスキー）であって、敵か神かその本性は解らないが、畏敬をもって遇さねばならぬ「客人」として未開社会でとりあつかわれ、その特権の上に人類学者の参与観察方法は成立し、

「理解」もまた行なわれてきた。とくに近代的な技術と製品をもつ人類学者の出現は未曾有の驚き以外の何ものでもなかった。彼ら「白い神」は調査し帰って行ったのである。ほとんどの場合、そうした「白い神」は結局のところ敵なのであった。

リーチがマリノフスキー流の現代人類学者のフィールド・ワークの基本的テーゼを批判するのとは別に、人類学者が調査地において被調査者と結ぶ関係がいくら親愛にみちたものであっても「客人関係」以上の何ものでもないという事実は存在する。客観的な科学的考察がその研究要諦である以上、「客人関係」以上を出ることはそもそものフィールド・ワークの発想において考えられないことであったからである。しかるに、今日「第三世界」の諸国家ではこのような「客人」はおよびではないのである。こうした形の「客人関係」は成立しがたいばかりか、攻撃の対象とすらなり、ここに至って「異人」への幻滅ははなはだしいものがある。

しかし、それも歴史的事実のしからしめることであって、「客人」として迎えてくれないのは困ったものだといった類のアピールをいくらしたところで、それはあまりに人類学者(加えて、「第三世界」を対象とする調査者全般を含む)の一方的な要求だということになろう。

こうした趨勢に対して、いま一つ見落してはならないことは、フィールド・ワークに赴く人類学者の意識の中にまだ「客観的」な学問研究はゆるされるべきである、真理の探求を阻むのは阻む方が悪である、という根強い主張が存在することである。「困ったものだ」という憤りは、自分の商売が邪魔されるという私的利害をこえて、学問追求の名の下に正当化される。この正当化は、しかしまったく根拠がない。

私がタイに長期的に滞在していたときに、いく人かのアメリカ人人類学者と出会って、ときには意見の交換を行なったことがあったが、私が自分の研究(調査)はまったく個人的な関心から出たものであって、自分の興味に基づくものであるというように話すと、最後には決って、「われわれはこの国がいかによくなるかを考えている。開発のためにどういうことができるかが念頭にあるのであって、単なる個人的な興味ないしは人類学上の問題解決のためにきたのではないのだ」というような主旨のことを彼らのほとんどは付け加えるのを忘れなかった。「応用人類学者」の面目躍如たるものがあった。

また数年前、ある日本の高名な人類学者で東南アジアの研究家と話していたときに、タイの地方劇団などにも関心がありますと申し上げたところ、「あっ、そういうことも重要かもしれない」といわれたことがあったが、どういう基準でそれが重要なのか話の前後の脈絡から推しても解らなかった。こういう疑問は素朴にすぎるかもしれないが、素朴といってすましてしまったのでは困ることも含まれている。開発のために重要だというのならば、開発とはどういうものなのか、果してそれがその国にとって、そこに住む人々にとってどう意味をもつものなのか、その結果に対する責任は誰がもつのか、といったことを含めた上で「重要」という基準がどこから出てくるかを説明しなければならないと思われる。だが、一見人類愛に満ちた開発の手助けのための応用人類学も、その裏には大国の思惑が働いており、たとえ人類学者が信じていても、その信仰は彼の帰属する社会・文化のために「利」をもたらすという暗黙の協定によるものである。

4

甘い砂糖をちらつかせる「客人」人類学者としてではないフィールド・ワークは、では果して可能なのだろうか。

それは人類学者が異文化を翻訳することの目的の中に見出される。交通手段と情報交換の発達によって「世界は狭く」なり人々の交流は盛んとなった。今日では地理的な探険業がほとんど成立しないことをみてもそれは納得がゆく。地図上で未知の領域はなくなったも同然になっている。

しかし、そうした情報量の増大にともなって今日認識されてきた事実は、逆に個々の文化の差異であり人々の思考様式の多様さであり、人間の相互理解の困難である。それも当然のことであって、これまではある支配的な民族・文化の強要をもって他者のそれへの従属・習得をなさしめ、一方的にコミュニケートすることが「理解」であると信じられ行なわれてきたからである。

いったんその支配を脱けて人々が自由に己れの思考様式と文化の中で自律的に事物を把握しはじめるや否や、相互理解は容易には出来ない相談となった。コミュニケーション手段の「辺地」にまでおよぶ浸透は、この難問をいやが上にも浮び上らせずにはおかなくなった。最近独立したパプア・ニューギニアにしてもカラハリのブッシュマンにしても独自の主張があり、それはこれまでの「世界」では見えなく聞えないものとされてきたものである。そうした人類の奥行深く追求してゆく人類学者が「理解」してゆく世界は圧倒的にヴァラエティに富む多彩な人類文化の世界である。何が「普遍的」であるといった断言は不可能になると信じさせずにおかないような世界である。厳密に検討すれば何ひとつ翻訳ができそうにも思えない事実である。

しかし、「文化は多様」なのであれば、その多様さを調べ研究すればよいのであろうか。文化の翻訳を使命とする人類学者にとってその翻訳は何のためにするのであろうか。

人間が各々異なるように、また言語が各々異なるように、文化も全体として同じものはこの地球上に一つとして存在していない。しかも、これまでみてきた如く、異文化の理解と翻訳は本質的に当該の文化の担い手にとっては意味のないことが多く、というよりも、翻訳されることに警戒的であり拒絶的ですらあるのが現実である。

私は自分のフィールド・ワークが「個人的な興味・関心」に基づくものであると記したが、それはそれが発言されたコンテキストにおいてアメリカ人人類学者の「開発論」との対比においてなされたものであった。私自身は異文化理解における大義名分に対して極度に警戒的であるが、それはあくまでも近代人類学成立の歴史的事情が念頭にあるからでもあった。

しかるに、文化の翻訳者としての行為が大義名分の無さの故に排斥されることに対しては憤りを覚えないわけにはゆかないのである。サルとはちがうだけといった認識がほしいままになされているのが潜在的に一般である風潮に対しては根本的な批判が必要と感じずにはいないのである。

その批判が真の正当性を得るためには、誤訳の可能なかぎり少ない文化の翻訳がなされる必要がある。そして、繰り返してあらわれる疑問、なぜ文化の翻訳が必要か、に対しては次のように答えることが可能である。

すなわち、人類学者は文化の多様性を身をもって感得し理解し翻訳しようと試みることによって、実は多様さと差異性の中に人類の「純粋文化」を探ることを目標とするのである、と。この「純粋文化」ということについて説明しなければならない。

5

ワルター・ベンヤミンは「翻訳者の使命」の中で次のようにいっている。「翻訳者の使命は、翻訳の言語への志向、翻訳の言語のなかに原作の反響を目覚めさせるあの志向を発見することにある。この点に創作とは根本的に異なる翻訳の特徴がある。というのは創作の志向はけっして言語そのもの、言語の全体性に向うのではなく、直接的に、特定の、言葉による意味の関連だけをめざすからである。しかし翻訳は、創作のようにいわば国語の森林そのもののなかにあるのではなくて、その外にあってこれと対峙する。そして、この森林に踏み込むことなしに、翻訳の言語の谺が外国語で書かれた作品の反響を発しうるあの唯一の場所に原作を呼び込む。翻訳の志向はたんに創作の志向とは別ななにものかをめざすばかりでない。つまり、外国語で書かれた個々の芸術作品から出発してひとつの言語全体をめざすばかりでなく、それ自体が別な志向でもある。詩人の志向は素朴な初発的な直観的な志向であり、翻訳者の志向は演繹的終句的理念的な志向である。それというのも多数の国語をひとつの真の言語に積分するというあの壮大なモティーフがかれの仕事を充しているからである。この言語は、そのなかでは個々の文、文字、判断がけっして協調することのない――それゆえに翻訳が頼りとされる――言語、しかしそのなかで諸国語そのものが、その言い方において補完し合い和解し合いながら、一致する言語である。しかしもしあらゆる思考の中心をなす窮極の秘密が緊張なく沈黙しつつそのなかに保管されている真理の言語が別にあるとすれば、この真理の言語が――真の言語である」(川村二郎訳)。

ベンヤミンの指摘する「純粋言語」つまり「多数の国語をひとつの真の言語に積分する」ことはまさに人類学者がフィールドでの実地理解によって「多数の文化をひとつの真の文化に積分すること」と結びつく。「まれびと」の座から降りた人類学者がその理念と実践の両方において行なおうとすること、それはベンヤミンが翻訳者の使命に托して語ったこと、すなわち「象徴するものを象徴されるものそのものにすること、言語運動のなかに純粋言語を形成しつつ再獲得すること」(同右)に他ならないのである。そして、ベンヤミンにならっていうならば、人類学者の使命は、異文化のなかに鎖されているあの純粋文化を翻訳固有の文化のなかに救済すること、異文化のなかに囚えられているこの純粋文化を翻訳のなかで解放することにあるといってよいのである。

この使命を達成するためには、まだまだ基礎的な地固めが必要である。それは人類学者の教育養成の仕方からはじめなければならないであろう。人類学者になるためには人類学だけを修めるだけでは意味がないという条件は肝に銘じて心得るべきことにちがいない。幅広い人間学的関心の中に、実地経験を通して人類学的認識をつくり上げてゆくのが基本的な要諦である。そして、目先のことではない遠い目標のための莫大な投資は絶対的に必要である。

人類学と関連諸科学

1

今日の人類学の著しい特徴の一つは、いわゆる「形容詞」付の人類学が数多く目立ってみられるようになったことである。

元来、人類学(anthropology)には大別して二つの系統があり、一つは「自然」人類学(physical anthropology)(あるいは「形質」人類学)、他の一つは「文化」人類学(cultural anthropology)であるが、前者は人類の身体的特徴を中心としてその全体像を追求する生物学・理学系統の科学として位置づけられてきており、後者は人類の文化的特徴を中心としてその全体像を追求する人文科学・社会科学系統の学問として位置づけられてきている。

いずれにしても、二つの系統のどちらに属するにせよ「形容詞」付は人類学者の宿命みたいなものである。ここでは、私の専門分野からいって「文化」人類学の分野に限っておくことにしたい。

さて、はじめに「形容詞」付の人類学が多くなったと記したが、文化人類学そのものが人類の営為の全体ともいうべき「文化」を冠している以上、内容が専門化するにつれ、当然、特殊化した形容が付されてしかるべきであったといえるかもしれない。

それにしても、現在付されている形容詞付人類学をみると、「政治人類学」「経済人類学」「宗教人類学」「認識人類学」「数学的人類学」「象徴人類学」などがあり、これらは皆、人類学において独立した研究分野を志向しはじめている。

こうした傾向は、自ら人類学と他の諸科学との密接な関連を示すものに他ならないが、その関連の仕方には、従来みられたものとかなり異なった性質があるように思われる。というのも、そこには形容詞の付け方に二つの傾向がみられるからである。

第一のものは、いわゆる人類学者(以下、形容詞を付けずに人類学ないし人類学者という場合には「文化」人類学を専門とする人文・社会系に属する研究・研究者のことを指す)が、自己の専攻の特殊領域として、とくに文化・社会の限られた現象を研究するときに用いるものである。例えば、ある一つの民族なり文化なりを研究しながら、とくに経済現象に関心をもち、民族・文化の他の面も考察の対象としていても経済現象中心にまとめてゆくという場合である。レイモンド・ファースが研究したポリネシアのティコピア島人の場合などが、もっとも代表的な人類学的な経済研究といってよい。しかし、この場合には、ファースはティコピアの文化の他の面も同様に研究していて、宗教や政治その他についても詳しい研究を発表している。こうした研究は人類学の一般的な傾向であるといってよいが、いずれも全体的な実地調査を行なった上での問題の範囲を限定した研究である。しかも、経済現象だけでなく、他の文化現象との関連も追求し、他の現象に関しても独立した研究発表が可能である。本質的には、ある文化・社会のモノグラフをかくという態度から生れてくるものである。

第二のものは、人類学者以外の関連科学に従事する研究者が、自己の研究の発展として人類学をとり入れ、人類学の問題意識や成果を援用する形で研究を進めてゆくうちにもともとの出発点である研究分野から独立した形になって、むしろその分野の形容詞をかぶせた人類学を名乗りだしてしまうような場合である。

例えば、近頃話題になるカール・ポランニーなどはその代表例であり、今では「経済人類学」という名称は彼によって広く定着させられるようになった。

この二つの傾向は、もちろん、決して相反するものではない。また、分野によってはそもそもこれは何々学と分けて考えることが意味のない場合もある。例えば、言語人類学といった分野では、研究者は言語学と人類学と両方の分野の学的訓練を受ける必要があり、どちらの分野でも通用することが望ましい。エドワード・サピアなどはその古典的なよい例であり、アメリカにおける言語学の創立者の一人でもあると同時に文化人類学の歴史においても重要な役割を果した学者である。最近では、デル・ハイムズのように著名な言語学者で一つの時代を画した存在でありながら、現在では神話論をはじめ人類学の分野で重要な貢献をなしている人もおり、しかも、一方で確立した方法論と研究成果が他方でも検証され成果を生み出しているような場合がみられるのである。

さらに、宗教人類学の場合のように、人類学固有の研究者よりも、それ以外の分野(宗教学者や哲学者や社会学者など)の研究者が主として用いていて、学会(国際宗教学会)における一分科会を形成しているような現象もみられる。これなど主として宗教学者の人類学者化現象といえないこともなかろう。もとより、人類学者が宗教人類学者を名乗ることは自由であるが、いわゆる人類学者が宗教研究を中心とするときには人類学的宗教研究といったディスシプリンを主体としたいい方を好む。

この場合も、人類学者は宗教現象だけを研究対象として限定して研究するのではなく、ある文化のモノグラフをかくという前提のもとにとくにその文化を理解するに際して不可欠の重要性をもつと思われる宗教現象を中心にとり上げるという方法になるのである。こうした方法は、一見同じようにみえなくもないが、実際上は、大変異なるものといわねばならない。人類学者にとっては、常に実地調査を通して研究対象である文化の全体性が何らかの形で問題となっているのである。それは微妙な意識の問題であって、外見上では研究の結果としてあまりよく解らないかもしれない。しかし、人類学における文化研究のための訓練とは常にそうした全体性への志向が含まれているのであって、それなくしては、人類学は解体してしまうといってよいのである。

2

問題が抽象的になってきたので、ここで具体的な実例をとり上げて考えてみたい。これまでは、人類学をめぐって、人類学側と関連諸科学側のアプローチのちがいという点を強調してきた。人類学を専門とする者の立場として、人類学の固有アプローチを主張しすぎたきらいもないではない。しかし、もしいわゆるインター・ディスシプリナリイな研究というものが、実りの豊かな生産的方向へ積極的に推進されてゆくのであるならば、そのための条件として、各学問領域の固有性を明確にしつつ、しかもそこから踏み出して共通の課題を追求してゆかなければならないであろう。

そこで人類学と諸科学との関連という問題で、インター・ディスシプリナリイな探求がダイナミックになされている二つの分野について簡単に触れてみたい。私の現在の関心範囲から、一つは「構造主義」、いま一つは「仏教研究」の二つの分野について、インター・ディスシプリナリイな追求の可能性を考えてみよう。

まず「構造主義」(structuralism)であるが、これが言語学から始まった方法論・理論であることはよく知られている。構造主義には大きくみて二つの流れがある。まず第一の流れは、一九二九年にプラハで開かれた「第一回国際スラブ言語学者会議」において、プラハ言語学サークルの会員たちによって提示された有名な「テーゼ」によって、「構造 structure」という言葉がはじめて言語学における新しい方法論を示すものとして紹介されたことに発する。この言葉は、そこで従来の伝統的言語学のあり方に対する批判と比較のために用いられたのであったが、それは言語起源論と個々の独立した事実を別々に研究することから、言語を一つの体系として個々の要素の相互依存的な機能としてとらえようとする一大転換を計るものであった。ド・ソシュールとド・コルネイの影響の下に、プラハ言語サークルの「テーゼ」は、言語を機能的な体系《システム》としてとらえること、そしてそれが果すコミュニケーションの目的を中心として理解すべきことを主張した。構造とは体系の構造なのであって、ある特定言語がもつ個々の要素は相互依存の形においてこの目的のために整える仕方である。この仕方は言語によって異なるから、一つの体系に含まれる各々独立した構成要素は、その体系を一つの全体としてみてはじめて理解されうる。だから、言語研究の目標は個々の言語的事実よりも体系自体の構造に向けられるべきである。その点で「構造的」となるのである。「全体性の法則」、各々異なる事実の「互恵的関連」こそが発見されるべき学的目標となった。

この言語学における画期的な問題提起は、単に言語学内部のものにとどまらず、より広い射程をもつ方法論的革新の展望を秘めていた。一九三三年にこのサークルの中心人物の一人であったトルベツコイは、「われわれの時代の特徴は、すべての学問において原子主義《アトミズム》は構造主義に、個別主義は普遍主義にとって替られることにある」と記し、構造主義の普遍主義的志向を明確にしたのであった。当初からインター・ディスシプリナリイな性格のものとして出発した構造主義は、トルベツコイの考えによれば、当然、物理学、生物学、心理学、経済学などにも共通する方法論となるべきものであった。

この考え方はその後も受け継がれ、哲学者エルンスト・カッシーラーは「構造主義は孤立した現象ではない。それはむしろ最近の二十年間にほとんどすべての科学研究の分野で明らかになってきた思想の一般的傾向の表現である」と一九四四年に記している。

こうした認識は構造主義を広い意味において用いる研究者に一般にみられ、全体性という概念に基づく科学研究の方法論として考えられてきている。そして、この方法論は、言語学や人類学のみならず、数学、物理学、生物学、心理学、哲学に共通するものであると主張されている(例えば、J・ピアジェ)。

この場合には、構造主義は科学方法論として現代科学の一般的特徴を示すものと考えられるにいたっている。

次に、第二の流れは、構造主義をより厳密に狭い枠組の中でとらえようとするものであり、ド・ソシュールに源を発し、プラハの構造言語学の影響をうけるが、何よりも人類学者クロード・レヴィ＝ストロースによって基礎をあたえられ発展させられたものである。その基本的な考え方は、構造言語学の理論と方法は、人間の文化のすべての側面の分析に直接・間接に応用できるというもので、人間の文化の全側面が記号の体系として解釈されうるかぎり、それは言語のように構造分析できると主張するのである。

現在、人類学においても構造主義が重要な位置をしめているのはこの第二の流れに属するものとしてである。では、構造言語学がどのような形で人類学に「応用」されているか、簡単にみてみよう。

構造言語学は、音韻論の説明から出発した。アルファベットの文字に表徴される音の要素は、それ自体何の意味も有していない。それが意味をもつのは、一連の鎖のようにして互いに結びつけられたときである。だが、人間の頭脳は一体どのようにして一つの音の要素と他の音の要素とを区別するのであろうか。構造言語学の立場からすると、そのとき人間が区別することは個々の音の要素(音素)ではなくて、音の要素の根底にある示差的特徴(distinctive features)なのであり、それは子音と母音、まとまりのある高声力とまとまりのない低声力などの差異である。これらの区別は、「関係しあうものの間の諸関係」を区別することであり、すべての自然言語において用いられる観察(聴取)可能な音の要素全部について、少数の示差的特徴でもって説明することができるかもしれないことである。

これが事実ならば、多様な言語の世界を一つの体系的な方法によって探求する可能性が開かれることになる。変形音韻論のこの示差的特徴理論こそレヴィ＝ストロースによって人類学に適用される構造理論としてとり上げられたものである。

レヴィ＝ストロースは、これをとり上げて文化的に意味のある二項対立として位置づけようとした。その二項対立は子音対母音、まとまりのあるもの対まとまりのないものという、音韻論における二項対立を応用するものであるとしたが、実際この方法は民族誌的事実とよく適合するのである。もちろん、ときにはその適用があまりに恣意的であるという批判もないではないが、決して応用できないものではなく、むしろ文化を解明する上で有効な方法であると考えられている。

この二項対立をめぐる人類学における若干の問題を示すと、例えば象徴的二元論とよばれるテーマがある。これは今世紀初頭フランスの社会学年報学派(デュルケームとモースによって創設された)に属するロベール・エルツが提起した「右手の卓越」という問題が久しく忘れられていたのを、五〇年代末になってオクスフォードの人類学者が再びとり上げてから世界各地で民族誌研究に従事する人類学者によって調査研究が活発になされてきているテーマであるが、端的にいうとこの問題は人間の肉体上の特徴である右手と左手の「対立」という事実の文化的・社会的な意味的広がりを追求することである。人間なら誰でも右手と左手のちがいを意識している。この差異を知らなくては何もできない。一方の手は他方の手の位置的変換物である。手であることは同じだが、左であることと右であることとは対立する。この対立はさまざまな有効なメタファーを生み出すが、実際、民族誌の伝えるところでは、多くの社会では右と左には集団的・社会的意味があたえられ、それは空間区分や儀礼の場の位置的区分などにおいて重要な役割を果している。ある社会では家の構造が右と左の二区分から成立し、前者は主人―兄弟―身内の男の居住区分であり、後者は母―姉妹―嫁いだ娘の居住区分であるといった基本的対立から始まって、部落が真ん中を通る道をはさんで右集団と左集団に分かれ、婚姻・儀礼・経済・政治などの面でこの対立原理が作用することが知られている。そして、これは神話や宗教の面にも現われる。東南アジアやアフリカなどではこうした対立原理を生活の基本原理とする文化・社会は数多く存在する。そこまでゆかなくとも、左が悪、神秘性、不吉、無器用などのメタファーとして用いられることは多いし、右がその反対に正しさ、善、良さなどを示すものとして用いられることは文明社会でも多々みられる。このように右と左の対立原理は、人間の文化構造を理解する上で重要な鍵を提供する(詳しくは、オクスフォードのロドニー・ニーダムが編集した『右と左――二元的象徴的分類についてのエッセイ集』シカゴ大学出版局、一九七二年、を参照のこと)。

二項対立の人類学的な問題として、もう一つ空間対立のことに触れておこう。空間対立の問題としては、大地と大空、大地と地下、此岸と彼岸、陸と海、乾と湿、都市と砂漠などの二項対立が注目されてきたが、この対立物はいずれも人間の外側に存在するものである。だが、こうした対立が多くの文化において実は社会的にみて非常に重要な意味をもつ「自者―われわれ」対「他者―彼ら」という対立と結びついていることが知られている。またとくに重要なのは、この二項対立のカテゴリーが文化と自然の区別分類に適用されており、また宗教的思考の面で、生と死の対立を超えるメタファーとして「この世」と「あの世」、「人」と「神」という対立に転換されて用いられていることである。この他、生まものと煮たものの対立や姉妹と妻の対立など、二項対立は人間の生活の基本的分類に現われている。

以上、ごく簡単に構造主義の問題をとり上げて人類学と他の諸科学(ここでは言語学)との関連の仕方を眺めてみたが、もとよりここではごく一部の問題を単純化して示したにすぎず、構造主義と人類学の関係はもっと複雑な多岐にわたっての問題を含んでいる。また言語哲学(ウィトゲンシュタインやオースチンなど)や現象学(フッサールやアルフレート・シュッツ)、また大きな意味での記号学や文学理論、美術史学などとも現代の人類学は大きなつながりをもっており、人類学者は何らかの形でこうした関連分野の助けを借りなければ研究を発展的に進めてゆくことはできなくなっている。とくに理論的な発展のためにはいまやさまざまな関連科学との積極的な協同作業を行なう必要があり、人類学者にはこれら関連科学の理論的動向をも視野に収めて己れの調査結果を分析・理論化してゆかねばならないという大きな課題が課せられているのである。

3

ところで、次に先に示したもう一つの問題であるが、これは私の東南アジアでの実地調査研究と関係あることとして記してみたい。

私はこれまで東南アジア、とくにタイ国を中心として実地調査研究に従事してきたが、中でもタイ仏教(テラワーダ仏教―小乗仏教)の人類学的研究を主たるテーマとして追求してきた。というのも、タイ文化に仏教の占める位置は絶大であるし、タイ社会の論理、タイ人の生活、行動様式、どれをとっても仏教抜きには理解できない。そこでは宗教研究は必然的に社会研究とかかわってくる。そして、タイ人の信仰生活にはヒンドゥー・バラモン教系統のものや土着の精霊信仰的なものも重要な役割を果しているが、仏教はこうした他の宗教現象を統合してバランスをとり、しかも唯一の救済装置としてタイ人の精神および物質生活の論理的統一を保持させるメカニズムの作用を有している。

こうした関係は、この十年以上の間にいく度となくタイ社会に住んで調べてみてようやく解ってきたことなのであるが、私の意図するタイ仏教の人類学的研究とは、何よりも特定の地域なり僧院なりの実態調査を通して、仏教を中核とした文化・社会・行動の全体像を追求してそれが創り出す小宇宙の構造を把握することにある。

実際にはタイ仏僧の行動を中心として「下から」全体へアプローチしてゆく方法でそれを行なってきたわけであるが、そこにはさまざまな困難な課題が存在する。その最大のものは、何といってもタイ仏教がブッダ・ゴータマの教えの直伝に発し、スリランカで発達したテラワーダ仏教に属する大宗教であって、パーリ語仏典に示される一大教理を基盤とした高等宗教であることにある。

その実態においてはタイ仏教はさまざまな他の宗教要素との混合を含み、先に触れたように仏教の形式的教理の理解だけでは理解できない性格のものである。教理研究だけの「上から」降りてくる理解の方法には大きな限界があるといわねばならない。けれども、タイ仏教はテラワーダ仏教の伝統を正統的に継承した仏教であることは厳然とした事実であり、すべての点でその伝統的な形式性は重んじられている。このあたりは複雑であるが、テラワーダという大伝統に基づくものであるからこそ、仏教が他のさまざまな要素の総合的メカニズムとして存在することが可能なのである。

テラワーダ仏教の教理面の研究はパーリ語仏典学としてながい研究の歴史を有する古典学の一学科であり、古典語であるパーリ語の修得をはじめとして、素人が容易に手を出せる研究領域ではない。パーリ語仏典学者ならサンスクリット語学もこなさなくてはならないだろうし、何しろ厖大な仏典の読解は容易な業ではない。

そこで私にとっては行動を通しての仏教へのアプローチと教理を通してのアプローチとが、仏教信仰の実態を理解するための重要な協力課題として浮び上ってこざるをえなくなるわけである。近い将来、よりこの方面の協力者を得て、テラワーダ仏教の理解のための共同研究を行ないたいと考えているわけである。

テラワーダ仏教の研究は現在大変活発な研究分野であり、東南アジア研究におけるもっとも重要で学問的にも刺戟的かつ発展的な領域となっている。

だが、この分野の研究が私にとってとくに関心を惹くのは、まさにいま私が触れた二つの分野、一つは人類学、他の一つは仏教古典学、の両分野が東南アジアのテラワーダ仏教の実態研究をめぐって相接近している現象がみられるからである。この分野のこうした接近的研究は、まず一九七〇年に発表された二人の人類学者による研究によって開始されたといってよい。S・J・タンバイアの『東北タイにおける仏教と精霊信仰』とM・スパイロの『仏教と社会――仏教の大伝統とそのビルマにおける変容』である。この二つの研究は実地調査研究の成果でありまさに「下から」の研究であって、しかも人類学的方法をもって大伝統に迫ろうとする学問的野心を秘めたものであった。それに対して、一九七一年にはオクスフォードのパーリ語仏典学者R・ゴムブリッヂによる『戒律と実践――セイロン高地の仏教』が出たが、これは古典学者の机上文献学的な仏典の研究だけにあきたらず、自らセイロン高地の農村に入ってそこの僧院で実践されている仏教を研究したものである。この三つがこれまでの代表的研究であるが、その他にも大部な研究が両分野から続々と出はじめており、ますます活況を呈しはじめている。私もその末端に連なっているわけである。それに仏教研究に際して構造主義的アプローチを私は主として用いているのである。もちろんのこと、仏教の歴史的変化の追求ということも重要な問題となってくるし、それはタイ社会全体の歴史的変化の過程と決して切り離して考えるわけにはゆかない。しかし、そう考えると人類学の方法論全体の問題としての困難も存在する。そこで、最後に歴史学との関係について触れなければならない。

実は人類学と歴史学との関係には複雑なものがある。人類学が近代的な「科学」に脱皮するに際して、人類学は一度歴史との絶縁を宣言しなければならなかったからである。

一九二〇年代にはじまった現代人類学の調査研究方法は、それまでのあやふやな「観察」記録による恣意的な資料に基づく推量をもってする「歴史」復元の人類文化史への批判を含んでおり、人類学者が自ら調査対象の文化に直接的に参加して行なう緻密な「調査」を抜きにしては成立しない。人類学者がこうした方法によって研究したのが大半「文字をもたない」未開社会であったから、通常こうした社会において歴史は「記された」史料としては残っておらず、そうした意味での「歴史」は調査の対象から外されていた。あくまでも「現在」を中心とした文化・社会の研究に限定されていたわけである。もちろん、「無文字」社会が歴史を経験していないというわけではない。ただ、そうした社会の「現在」を調査研究する人類学者にとっては、歴史に不用意に触れることは科学的厳密さの追求という点で危険であったのである。

しかるに、五〇年代後半に「人類学は歴史学の一分枝」であるという主張が行なわれるとともに、「未開社会」においてすら「歴史」はその社会の理解の過程で不可避的に侵入してこないわけにはゆかないという事実が認識されはじめた。植民地体験、反植民地闘争、脱植民地、独立といった経過の中で、「未開社会」も深甚な影響を受けざるをえなかった上に、植民地統治下における行政資料の蓄積、そして「近代」における民族・部族の覚醒過程としての「土着」史家の出現も含めて、いまや人類学者の対象であった「無文字」社会を研究するためにも「歴史」の参照は程度の差こそあれ不可欠となってきた。それに何といっても、この百年以上の時間はそれらの文化・社会を大きく変貌させたからである。

それとともに、人類学研究の対象が大きく広がり「未開社会」のみならず「歴史社会」もその範囲に含まれるようになったことから、歴史とのかかわりは一層強くなってきた。東アジアはいうにおよばず東南アジアでも、ヨーロッパでも、歴史を考慮することなしに、その文化・社会を理解することはできない。

しかし、学問としての歴史学との関係となると、実際問題として、その必要性はいや増すのに反して、現実に学際的な協同作業はまず成立していない。厳密なる文献史料批判の学としての歴史学は、「現在」の調査を中心とした人類学の問題意識や方法と、必ずしも嚙み合わないのである。どちらの側にも準備ができていない。むしろ両者は互いに相手の欠点を批判することに急であるようにみえるのが一般である。

人類学は、文化・社会の生きた姿の研究を通して、人間の思考と行動が創り出す象徴や意味の世界を明らかにしようと試みる。その世界は必ずしも言語によってだけ表現されるものではなく、また史料として残るものでもない。歴史を創り出してゆく人間の営為には「書かれたもの」として残ってゆかないものが多いのである。人類学は文化の全体像の追求として当然そうした部分を問題とする。この象徴と意味の世界の解明は、「歴史」に属する社会にも当然含まれており、重要な役割を果していたはずである。実際問題としては「歴史」的過去に属する人間の営為を探る作業に間接的な形であってもこの人類学が開拓しつつある問題領域は決して寄与しないことはないはずである。

このように人類学者にとってはその専門分野に応じて関連学問との協力、また関連学問の理解は大変大きな位置を占めてきつつある。ただ、インター・ディスシプリナリイな研究と口でいうのは容易だが、その実行は実に難しい。人的・組織的・経済的に大きな障害があるし、研究内容の有機的なつながりと発展はなお一層困難である。

しかし、いまや一つの学問の中に閉じこもることは事実上不可能な状態であるといってよい時代になっているのである。

以上は人類学者の側からみた諸科学との関連の一部を示したにしかすぎないが、このことは同時に、他の諸科学にとっての人類学という問題が直接結びついていることでもあるのは言をまたないことであろう。

ピィーと誤解

どうも自分が納得のゆかないことについて書くのは気が重い。

正直にいって、私にはこのピィー(phii)というものの正体はよくわからない。東南アジアのいくつかの地域、なかでもとくにタイ人が信ずるので知られるピィーなるものの実体はいくら調べてもはっきりとしない。ここで述べることは、そのわからなさを説明することである。

ピィーは英語では気軽に spirit とか ghost などと訳されており、日本語では霊とか精霊とか訳され、またカミだとする研究者もいる。こういう例をみると、それぞれ理由はあるとしても何らの限定もつけずにそれが常識として行なわれているのをみると、研究者というものの手前勝手さを思いしらされる気もして強い自戒の念をいだかずにはいられない。

今日の英語や日本語で、スピリットとか霊といっても何がはっきりとするわけもないのだから、結局、それはどうでもよいこととなり、こういうのは誤解をおそれずというよりも、誤解を前提としたものだというべきであろう。東南アジア研究のほとんどはこれに入る。

もちろん私の場合もその中に入るが、それが気になって仕方ないことも事実であって、少なくとも誤解を前提としていることを肌身をもって承知はしている程度である。だが、私のこうしたピィーに対する態度の保留には、ピィーが単なる観念ではないということからきている。これについては後述する。しかし、タイ文化さらには東南アジア文化全体からみてもピィーはもっとも慎重にとりあつかわねばならない重要な観念＝存在の一つである。ここではこの問題を考えるにあたって、次のような点から入ってみよう。

構造論的なアプローチで、タイ人のコスモロジーを構成するさまざまな観念群を分類することは、たとえばシカゴ大学のタンバイア教授がそのタイ研究史上画期的な労作『東北タイにおける仏教と精霊信仰』(ケンブリッジ大学出版局、一九七〇年)によって見事に行なっている。タンバイア教授によると、ピィーはテワダーと対立する超自然的カテゴリーであって、東北タイの農村で日常生活の中でごく普通に語られるものである。テワダーは聖なる守護神であり、恩恵にみちた存在でサワン(楽園)に住んでいる。それに反してピィーは邪悪なるものであって、ここかしこに浮遊して人を脅かし、人間の世界に住むか、ナロク(地獄)にいる。このテワダーはデワタであり、ヒンドゥー教のインドやブラフマなども含む守護神全般を指すどちらかというと曖昧な概念であるが、ピィーの方はかなり詳細に分類されたカテゴリーであり、その性格づけは善いものから危険で邪魔なものにまでおよぶ。テワダー／ピィーの対立は、だから詳しくみるとどこかでぼやけてゆき、ピィーの善い性質のものとテワダーとは混じり合っていることとなる。

ただテワダーはサワンに住み、人間を超越したものであるが、ピィーはかつては人間だったものだと考えられている。ピィーは人間以下のさまざまなレベルを浮沈する存在であって、変死したりともかく異常な死に方をした人間のウインジャンがなるピィーがもっとも危険なものとされている。

普通生きている人間のもつ「たましい」はウインジャンとよばれているが、人が死ぬとウインジャンはピィーとなる。よくブン(徳)を積んでいる人は死ぬと楽園にゆくが、このサワンはテワダーの住むところとはちがう。人は決してテワダーにはなれない。人は楽園にゆくとそこで生れ変わる。テワダーには転生はない。バーブ(不徳)の多い人は死ぬとナロクへゆくか、この世に浮遊する邪悪なるピィーとなる。ピィーは死後の現象である。

タンバイア教授は、ピィーが人の死後の現象であるから、ピィーの性質が善いものから危険なものまで多岐に分かれていることが理解できるといっている。この点もよくわからないことであるが、いわばピィーは死後人間的な絶えずその運命に浮沈のある動的な存在であって善くもなり悪くもなりという人間下的人間としてとらえられているととれないことはない。しかし、バーブの多い人間が死後ピィーとなるという記述からすれば、ブンの尠ない人間はすでに生きている間から好ましい存在ではありえないのだから死後ピィーとなって善いことをするとは考えられない。私にはこの善い作用をもつピィーというのがいま一つピンとこない。タンバイア教授もこの点は巧みに回避して善いピィーについてはほとんど触れていないのである。しかるに、タイ民俗学の大家ピャ・アヌマン・ラーチャトンをはじめすべての研究者がピィーには善いものもあると指摘している。しかし、そういったあとからピィーを幽霊(ghost)と訳したりしている。そうした記述《ディスクール》の仕方から知れるところは、まず九九%までがピィーは邪悪なる存在であるということにつきる。邪悪なるが故に力があり、それを怖れるあまりに崇拝するということもあるであろう。東南アジアのコスモロジーでは悪は決して危険であるとはかぎらず、危険なものは決して悪ばかりではない。善と悪は転換可能なものである。とはいっても、少しでもよい作用をもつといわれていれば、それは十分考えなければならないことである。だから、クオリッチ・ウォールズが名著『シャム宮廷儀式』(ロンドン、一九三一年)の末尾に触れている都市の守護霊としてのピィーの存在やアユタヤ時代にみられた大砲の中のピィーを国難に際しての国家の守護霊として崇めることは十分に考えられる。だが、こういう説明は不十分だし、こじつけがましい。

タンバイア教授の所説に戻ると、テワダー／ピィーの対立性が際立つのは、儀礼においてである。ピィーは人間にとって不幸や災いをもたらすものであり、病気や事故のもととなるので、これを仲裁するためにはテワダーの助けが必要である。病気なおしや災いをはらうための儀礼においてはその原因のピィーを追い払うためにテワダーが喚びよせられる。テワダーはピィーの存在を明らかにしてその対策を示すのである。村のある呪者はタンバイア教授にテワダーが自分の身体に入って自分を通して災いをもたらしているピィーの正体を見破るためにピィーに語りかけるのだと説明している。

私自身数十回にわたる仏教儀礼への参加において、さまざまな呪護の場をみてきた。私自身呪護僧として儀礼の執行者としても多く参加した。この経験からすると、確かにすべての呪護儀礼においてはテワダーが喚(招)ばれている。これは明らかに儀礼の場を守護し不幸の源をはっきりとさせるためのものである。しかし、この場合災いのもとは通常プレートであって、僧のとなえるスワット・モンないしパリタは邪悪なる存在を鎮め追い払う効果をもつが、その終わりの部分にはティーロクッタ・スートラの一節「ヤター・ワリワター……」が入っているのをみてもわかるようにプレタ(プレート)への仲裁が目的となっている。プレートは仏教でいう悪鬼(餓鬼)である。しかるに、タイ人に僧も俗人も含めてよくきいてみてもこのプレートとピィーとの関係がはっきりしない。仏教儀礼の呪護作用は大抵ピィー対策だといわれるが、プレートが、恐いからだともいい、プレートは幽霊であるとも説明されるが同時にピィーと同じだともいわれる。僧を含めて誰もが、他にマーラなどの仏教上の悪も含めて明確な区別はしておらず、一般にはピィーもプレートも混同されている。しかし、明らかにマーラやプレートはナロクの住人であって、決してよい作用を人間にもたらすものではない。この点でその悪い性質に疑問はない。だからテワダー／プレートは妥協なくはっきりと対立する善と悪のカテゴリーである。ピィーはその点かなり性質に伸縮自在なところがあって、テワダーの対立概念としておさまりきれない。呪護儀礼の場合にタイの民衆が意識しているのは、しかしながら、ほとんどの場合ピィーである。恐ろしいのはピィーであって、プレートはそれほど現実的な恐怖の的ではない。というよりも、プレートはピィーであり、ピィーのなかにはプレートも入るということに近いといった方がよいと思われる。

そこでこの関係を理解するために上のような図を仮に設定してみる。ここで秩序というのは、対立と位置づけが明確であるものであり、この場合テワダー／プレートの対立は明確である。しかるに、テワダー／ピィーの対立は必ずしも明確でなく、また論理的にはピィー／プレートの対立も可能である。

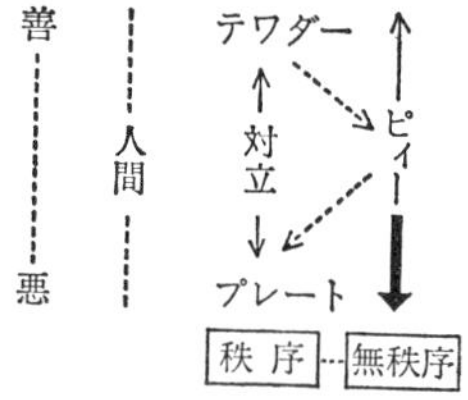

さらにピィー／ウインジャンの関係もタンバイア教授は明確に分けているが、私の知りえたかぎりでは必ずしもそんなにはっきりとはしていない。私が数カ月下宿していたバンコクの宿の若い女主人は最近使っていた女中の一人が変死したといって、狂わんばかりに怖がり、僧を招いての呪護儀礼をいく度もいく度も行なっていたが、その厄除けの対象が死んだ女中のピィーであるのかウインジャンであるのかはっきりとしなかった。ピィーに関係することは常に何らかの曖昧さがのこっており、明確な規定ないし位置づけが困難である。ピィーは恐怖の的であることは事実であるが、それはどうにもとらえられないというところからくるとも考えられる。ピィーが危険なのは変幻自在なところにあり、人間にとってははっきりと焦点を定められず、コスモスにおける位置づけができない点にある。

タンバイア教授が調査したところからあまり遠くない東北タイの農村に立ち寄って、ワットで僧たちと話しながら休んでいたときに、僧も含めてそこに集まった人たちにピィーはいるかときいてみた。すぐさま、いるいるという返事が返ってきたが、どこにいるかときくと、森をさしてあそこだという。そこだけかというとみる間に僧も大人も子供もここかしこを指さしているいるといいはじめた。そのときの実感からすると、ピィーの世界というのはまさに混沌であって、無秩序なのであるということであった。ピィーについてはタイ仏教の研究からも実に多くの点でそのつながりがでてくるのであるが、それは決して整合性をもつものではない。ここではそれを詳述する余裕はないが、僧も民衆もバラモン＝ヒンドゥー教の伝統を基盤とするブッダ↓仏教の存在を支えとして、ひたすらにピィーという無秩序に対峙しているといってもよいかと思われるのである。メアリー・ダグラスによるまでもなく(『清浄と危険』ペンギン・ブックス)、無秩序―カオスとは危険そのものなのである。以上述べたのはあくまでも私だけの一つの見方―解釈であり、いまの私にピィー理解への一つの方向を示してくれると思われるものにしかすぎない。

ところで、私はこの稿のはじめにピィーが単なる観念ではないからわからないと書いたが、それは私がタイ滞在中に経験したさまざまなピィーに関してえた実感からきている。おわりに一つだけ私がこういう理解の困難の印象をもった例を示せば、僧院で知りあったタイ人の友人で、立派な警察官であったが、この人物は四六時といってよいほどピィーのことばかり話していた。彼がいつもいうことには、人間はピィーの存在をよく知る必要があり、決してその存在を軽くみてはいけないということで、自然の鼓動の微細な部分に至るまで感ずることのできる感性を養うことこそピィーの災いをふせぐもっとも有効な方法だというのである。田園や森へ出かけると、彼はしっと手で制して樹木や草の動きをみる。そして、ピィーがいるぞという顔をする。夜になれば、風の音や闇の中の動きに耳をすまし、ピィーが触れるという。ともかく、この人物と一緒にいると、ピィーがまことに人間の五官のすべてをもって対応しなくてはならないものとしてある種の実在感をもって迫ってくるようだった。多くのタイの女性や子供がピィーといっただけで泣き出したり、ある日本人の家庭に招ばれてピィーの話をしていたら、お手伝いの若いタイ女性が大きく眼を開いて叫ばんばかりになって立ってこっちをみていたような経験をいく度となくもった。僧院ではあらゆる機会にピィーについてきかされてきたが、バンコクのような大都会の日常生活においても、さまざまなところで、ピィーがまさに生きて、おどろおどろに生きて跳梁しているものと感じられるさまにいく度も出会って言葉もなかった。ピィーの存在は現実なのである。

ピィーときいて、それが当然であると信じている、ということなしにピィーが理解できるであろうか。

あとがき

ここに論文集『文化の翻訳』として収録したエッセイは、この数年間に発表したものであり、それに新たに書きおろしの一篇を付け加えた。表題の「文化の翻訳」という題名はかつて『思想』誌上に発表した論文の題名をそのまま用いたものであり、それが故エヴァンス＝プリチャード教授の退官記念論集の一つのタイトルとして用いられていることはすでに触れてある通りであるが、これはその借用(記念論集にはこの題名を冠したエッセイは別にない)というよりも、はるかに私自身のオリジナルな発意に基づくものである。もっとも、蛇足ながら、同教授の葬式にオクスフォードで山口昌男教授と一緒に列席することができたという妙なめぐり合せがある。

一口でいうならば、私がこれらのエッセイで追求しようとした問題は、人類学研究における文化と感性という問題であり、異文化研究を実地調査研究を通して行なうというのが特徴であり使命でもある人類学者の、実地における認識と理解をめぐる主観と客観の問題である。もちろん、人類学研究が科学であろうとするかぎり客観的であろうとすることは当然であり、厳密な方法論をもたなければならないことは事実であるが、フィールド・ワークの実際においては、こうした前提はあまりに机上論的にすぎる。人類学者は一人でフィールドに入り、一人で資料を蒐め、それを持ち帰って、一つの異文化の理解・解釈として提示する。そこには科学的、客観的な検証の枠組を破る何かが常に存在する。フィールドにおける主観と客観の不断の交錯、自文化と異文化の葛藤、誤解と偏見の重圧、そういった複雑な要素が、動き、生き、変転しつつある場において多層的に絡み合うのである。そうした面に眼をつぶって強引に大学・研究の場で作り上げられた理論的な、そして科学的な枠組を当てはめて整理して学問用語に文化を閉じ込めて提示するというのが従来のやり方であったが、ここに収録したエッセイに示した通り、そうした方法は段々と通じなくなった。

私は人類学が直面している異文化認識における科学と非科学のきわどい綱渡りは、決してこの学問が科学として未成熟であるということではなくて、まさに将来の科学のあり方を予示するものであると積極的に考えている。当分、人類学者はこの主観と客観の狭間に自己の学問の科学性の検証を置いて煩悶しなければならない。ある意味では、醜く逡巡するさまを赤裸に示さなければならないと思うのである。それが、二十世紀後半からゆるやかに(だが、現実にはアージェントに)生起しつつある科学のパラダイムの変換を象徴的に示すものであり、事実、新しいパラダイムを準備することでもあると信ずるものである。そのための準備過程として当分の間この試行錯誤は続くものであろう。しかも、異文化研究には今日の世界の変動の実態がもろに反映せざるをえない。研究者は学問と現実の多重的なレベルでの分裂を経験せずにはいられないのである。こうした点は、驚くほど人類学者の(とくにわが国では）記述の中に触れられていない。むしろ、私のこの種の問題提起が無視されてきたのが実際である。そのこと自体は私には何でもないのだが、この国における人類学の健全な発展のためには大きな損傷であることはいうまでもない。このいささか未熟なエッセイ集を出すことに踏み切ったのは、こうした日本の人類学の状況と切り離せないものがある。そして、このことは、決して単に人類学内部の問題にとどまるものではない。たとえばこれまでの東南アジア地域への諸科学のアプローチをみても、私のこの問題提起は何事かを訴えるはずである。さらに、ひいては現実を実地調査によって理解しようとする社会科学全体におよぶものであると思う。だが、口幅ったいことはいまいえたものではない。人類学のあり方をめぐる問題だけで私には手一杯である。ただ、私はいくら集団主義の人類学者その他によって批判をなされようとも、いまここで追求しようとする問題がまことに人類学本来の問題展開に沿ったものであることを固く信ずるものである。その点ではルソー以来の人類学の伝統であるといったらよいであろうか。

収録したエッセイのうち、最初に置いた「異郷の神を畏れつつ」は私自身の体験をかなり生々しく記している。異文化研究に従事する間に論理的必然として私に起った僧修行のある局面で経験した問題であるが、主体的な異文化の認識のあり方を考えたもので、このエッセイは発表後、予期しない方面から反響があった。とくに自然科学の研究に従事している若い人々から自分たちの科学の直面する問題を解決しようとする線上での問題提起として受けとられたことは私にとっては望外の喜びであった。この種の異文化体験が重なると、文化の分析は単純には行なえなくなる。私は文化の象徴面の具体的な表現であり、理念と現実を行為として媒介するものである「儀礼」の研究・分析を一方で時間をかけて行なってきているのだが、と同時に、行為者側の主体との係わりという面を見逃すことはできず、このようなエッセイに学術論文の記述からはみ出す(このようないい方の自己矛盾は承知しているが)部分を集約的に示さずにはいられないのである。文化というものが生きたものである以上、それは前述の科学の問題と併せて、生きた部分の認識の表現もまた重要な位置を占めるものである。異世界の出来事としてはみていられない世界が人類学者の中に生れてくる。こうした現象をどのように位置づけたらよいのか。人類学研究のディスクールというものを根本的に考え直す必要があるというよりもこれまでの科学のディスクールをいかに脱皮させるかという問題につながってゆくように思われる。専門用語の世界という中途半端でコミュニケーション能力を実際に失ってしまっているディスクールの世界にしがみつかないと研究者はやってはゆけないのであろうか。私はいまや学界全般にはびこる擬似科学主義の蔓延に愕然としているのである。人類学だけはその弊害から何としてでも守り抜きたいものではないか。

次に「文化の翻訳」と「異文化の理解」とは表裏をなすエッセイで、後者は今度本論集に含めるべく新たに書きおろしたものであるが、ともに異文化理解の困難を人類学者の理屈のレベルで示そうとしたものである。ただ、ことわっておかなくてはならないのは、「文化の翻訳」というときには、言葉の翻訳はその一部にしかすぎないということである。その点、一般の翻訳の問題だけではないのである。文化の翻訳とは文字通り翻訳者が自らを複数の文化差を生きることによって媒介するところに生れるものであって、前者のエッセイに示した観念の理解も、単に言葉のレベルだけで解決されうるものではない。人類学者が自らの生を積極的に媒介させることによってはじめて生ずる理解でありコミュニケーションであり翻訳であるのである。その面で、この二つのエッセイに示した問題は最初に置いたエッセイと内的につながっている。また私は一九七六年末に僧院での生活経験を記した『タイの僧院にて』(中央公論社)を出したが、そのときの狙いの一つも、まさに媒介者の内省を記したところにあったので、私としてはこれまでの人類学的ディスクールに批判的観点を示したつもりでいたのだが、この点はほとんど理解されなかったようである。異文化への参入という観点というよりも、僧になることとの日本的な道義性を東南アジアの専門家と称する先輩人類学者から問われたのは、一体、どうしたわけか。まことに異文化としてのタイのことを何も知らないとしかいいようがなく、そうした先達たちが記してきたことに対する何よりも批判であったことは少しも理解されなかった。人類学研究という以上、先達の業績を踏まえた前史があり、次に来る世代は常に前世代の批判者として立ち現われる。その前史を踏まえての、東南アジア研究における一つの視点を示したつもりでいたのが、まことに的を外された。

人類学者の研究上の武装は、現象学や解釈学の成果を吸収することによって豊かに強化されると私は考えている。この点での武装はまだうまくいっていないが、今後の私にとって、哲学の実地（異文化での）検証という課題は大きなものとなる。現象学が生の現実への衝突というテーマを主体に即して（自文化の中で）行なってゆくのであるとすれば、それを異文化にまたがる外的普遍の世界で応用・検証・批判・発展させることは、人類学者の任務である。フィールド・ワークは単なる事実（これは何であろうか）の断片の蒐集屋の仕事ではないはずである。そこには現象学者や解釈学者が苦闘してきた問題と軌を一にするものが存在する。ある意味では、問題は同一である。人類学者は異文化の環境の中で哲学をすることになる。ただし、取り扱うのはあくまでも具体的な事実である。具体的現実の経験から出発しないものはすべからくおよびではない。これは一つの視点である。留保をつけながら、ここに明示しておきたい。全体にこの論集では異文化研究に取り組む人類学者の主観（主体）をテーマにしている。この二つのエッセイで提起したテーマも、ある点では、正解のない問題なのである。ただ問題提示を行なってゆく（あるいは行ない続ける）こと自体に意味のあることのように思われるのである。永遠の批判的精神が要求される問題であるといったらよいであろうか。それだけに今後とも学的経験を重ねつつ多角的・多層的に問題提起を行なわねばならない。

最後の「文化翻訳者の課題」としてまとめた短文は、それぞれ他のエッセイと重複する部分もあるものであるが、短いながらも問題を提示してあるという点で含めたらどうかという編集者の意向を取り入れて収録したものである。それに、そもそも本論集をＵＰ選書として出すという案そのものが東京大学出版会の小誌『ＵＰ』に載せた二つの短いエッセイ「文化翻訳者の使命」「『純粋文化』の探求」から生れたという事情もある。

本論集を出すことによって、私自身一つの転換点をむかえ、旧来の私からの脱皮が可能な気がしている。ここ数年間にわたって進めてきたタイでの仏教儀礼の実地研究を土台とする「儀礼の研究」がようやく実現して一本になる日も近いものと感ずる。また私は人類学者はその学的熟成が他の分野の人文・社会科学者と較べて十年は遅れるものと考えているので、いよいよこれから本格的な人類学研究の成果を生み出す時期に自分自身さしかかりはじめたとある種の内的充実を感じはじめてもいる。この十月で私自身四十歳になる。だが、十年の貸しがある。考えてみれば、現代の敬愛する人類学者のレヴィ＝ストロースやエドマンド・リーチも処女作や主要著作は四十代のはじめに世に問うている。その替わり、両者ともに他の分野の学者と較べて現在の年齢でも異様に若く問題作を次々に問うている。私もそうした先例にあやかりたいものだ。まあ、彼らと同じという傲岸さはないとしても、まだ遅れてきたものの若さと可能性は秘めているつもりである。この意味でも、本論集で問うた問題はこれから一層の展開を期しているものであって、単なる放言ではない決意なのである。

本論集がこうした形で出版されるについては、まことにもって東京大学出版会編集部の佐藤修氏のご尽力のたまものである。ともかくこうしたものを出すことを約束してから数年たってしまった。いく度も断念しかかったが、佐藤氏の励ましによってようやく出版にこぎつけることが出来た。ここに心から感謝する次第である。

また、『UP』に前記二エッセイを掲載するにいたったのは同編集部の山下正氏のおすすめによるものである。それが本論集の実現のきっかけとなったことに対して感謝したい。

青木　保

一九七八年四月八日

初稿発表覚え書

異郷の神を畏れつつ	『展望』1976年3月号
文化の翻訳	『思想』1975年12月号
異文化の理解	(書き下し)
両義性と多元性	『現代思想』1976年3月号
文化翻訳者の使命	『ＵＰ』1975年10月号
「純粋文化」の探求	『ＵＰ』1975年12月号
人類学と関連諸科学	『歴史と地理』1976年8月号
ピィーと誤解	『國文學』1975年1月号

著者略歴
1938年　東京都生まれ．文化人類学者．
東京大学大学院で文化人類学専攻．大阪大学で博士号取得（人間科学博士）
大阪大学，東京大学，政策研究大学院大学などで教授を務めた後，文化庁長官（2007年4月－2009年7月）．現在青山学院大学大学院特任教授・国立新美術館館長．

主要著書
「「文化力の時代」－21世紀のアジアと日本」（岩波書店，2011年）
「作家は移動する」（新書館，2010年）
「儀礼の象徴性」（岩波現代文庫版，2006年）
「多文化世界」（岩波書店，2003年）
「異文化理解」（岩波書店，2001年）
「アジア・ジレンマ」（中央公論新社，1999年）
「逆光のオリエンタリズム」（岩波書店，1998年）など．

文化の翻訳

1978年6月15日　初　版第1刷
2012年5月11日　新装版第1刷
［検印廃止］

著　者　青木《あおき》　保《たもつ》

発行所　財団法人　東京大学出版会
代表者　渡辺　浩
113-8654　東京都文京区本郷7-3-1 東大構内
http://www.utp.or.jp/
電話　03-3811-8814　Fax　03-3812-6958
振替　00160-6-59964

印刷所　大日本法令印刷株式会社
製本所　誠製本株式会社

ISBN 978-4-13-003353-4　Printed in Japan